建筑百家轶事

杨 永 生

中国建筑工业出版社

目 录

前言

喻浩设计的斜塔 …………………………………… 6
梁思成与刘敦桢不约而同 …………………………… 7
"憨大"不收礼 ……………………………………… 7
梁思成、林徽因与徐志摩 …………………………… 8
杨廷宝与少帅府 …………………………………… 9
童寯与东北大学建筑系 …………………………… 10
只有旁听生上课 …………………………………… 11
不要英镑的建筑师 ………………………………… 12
赵深"自首" ……………………………………… 13
费孝通的遗憾 ……………………………………… 13
从土匪不要照像机说起 …………………………… 14
梁思成图稿失而复得记 …………………………… 15
关于林徽因 ………………………………………… 16
可以实现的幻想 …………………………………… 17
重温50年前的忠告 ………………………………… 17
雍容揖让 …………………………………………… 18
陈从周与徐志摩 …………………………………… 19
刘秀峰抓建筑"三史" …………………………… 19
严谨认真的刘敦桢 ………………………………… 20
梁思成提携晚辈 …………………………………… 21
杨廷宝也恼火了 …………………………………… 22
华南圭与梁思成吵嘴 ……………………………… 23
"四部一会"的大屋顶 …………………………… 24
周总理批评北京饭店西楼 ………………………… 25
先吃饭，后设计 …………………………………… 26
比利时驸马爷朱兆雪 ……………………………… 26
周总理启迪，建筑师设计 ………………………… 27
两个老包，两种办法 ……………………………… 28
命运多舛的《四川民居》 ………………………… 28
一张底片，两张照片 ……………………………… 29

楼房无梯	29
蒋介石与台北国父纪念馆	30
林乐义争稿费	31
梁思成说,不知道	32
梁思成第二次结婚以后	33
杨廷宝与国际建协(一)	34
杨廷宝与国际建协(二)	35
杨廷宝与国际建协(三)	36
"黑风格"?"红风格"?	36
两句话救了两位教授	38
除非地球不转	39
一位诚实的建筑专家——刘致平	40
刘致平的笔记本	41
哭西直门	42
刘致平请吃烧鸡	43
刘致平在干校过年	44
为什么童寯晚年不再作画?	45
冲天的火炬	46
谁写的序言?	47
被遗忘的一本书	47
从小学生到大学教授	48
莫伯治从小处着手	49
华揽洪捡破烂儿	49
《苏州古典园林》起死回生记	50
陈从周心虚	52
瞒天过海	53
人们心目中的梁思成	53
邓小平与《梁思成文集》	54
为谁着想?	55
师生情谊	55
童寯病中的故事	56
童寯含泪看书	57
钟华楠闯关	58

"兰亭韵事"之由来	59
以床代桌,著书立说	60
一滴眼泪,一本书	60
敬陪末座的建筑师	61
建筑师与设计师	62
建筑师并不只会画图	63
藏书和笔记今安在?	64
陈植执意不肯	64
张开济的幽默	66
张镈的记忆力	67
要让张镈来加帽子	68
戴念慈当官不离图板	69
评审方案也走过场	70
生财无道	70
吴良镛"打的"又骑车	71
戴复东美国遇险记	72
慷慨与悭吝	72
千方百计拯救索菲亚教堂	73
潘祖尧与文物收藏	74
屋顶花园的"身份证"	75
远来的和尚敢念经	75
我国第一位建筑师是谁?	76
我国第一部近代建筑学专著是哪本书?	77
我国第一个建筑学术团体	77
谁执镐拆除北京正阳门瓮城?	79
人物简介	80
著名建筑师印象记	98

前　言

从工作第一线退下来以后，每年都有几次同建筑界的新朋老友相聚的机会。每当酒后茶余，大家总不免聊一些建筑界人士的故事。侃来侃去，朋友们说，你肚子里的"货"真不少，应该写出来，让大家都知道。否则，将来有一天你离开这人世，带到另一个世界去，岂不可惜。

我曾想，哪怕是一段小故事，作家可以写一大篇绘声绘色的文章，可我虽也做过半辈子建筑书、刊、报的编辑工作，笔下总也生不出花来，眼高手低成了"职业病"。所以，一直也没下决心写。

今年春天，有一段时间手头上没活儿，就试着动笔写了十多篇，分别交给《中国建设报》、《建筑报》和《建筑时报》，以及《中华读书报》。未料，编辑们表示欢迎，且有三家报社还开辟专栏连载。登完了，还向我索稿。这就鼓励我继续写下去。一口气，写了这么88篇。

承蒙我在1971年参与创办的中国建筑工业出版社领导不弃，愿意把这几十篇轶事汇集起来，出一本书。编这本书时，对已发表的文章又作了一些增改，并增加了一些与之相匹配的照片。

这些轶事，大都是亲身经历的，也有的是听来的或是看书、看稿子得知的。

写这些轶事，无非是想唱几曲正气歌。至于唱的是否受听，那只有读者去评价了。

还要补充说明的是，许多朋友说，既是《建筑百家轶事》，纵然写不出百人的轶事，至少也要写一百篇。老实讲，我不想凑数，写出这些，已经是搜肠刮肚了。考虑到我已经编了《建筑百家言》、《建筑百家书信集》和《建筑百家评论集》，把我这本书也纳入这"百家"系列，已经是近水楼台，沾了便宜，何必再硬凑百家或是百篇呢?!

杨永生 于北京寸屋
1999年8月

喻浩设计的斜塔

许多人都知道意大利有一座比萨斜塔,动工于1174年,其上部的钟亭则完工于1350年。

但很少人知道,我国早在北宋端拱二年(989年)建成的开封开宝寺塔,也是一座斜塔。只不过,该塔早于北宋庆历三年(1043年)即遭火灾,现已无法考证。

这座塔是由古代建筑师喻浩(生年不详—989年)主持修建的,他曾任杭州"都料匠"(工程主持人),那时,我们还没有"建筑师"这个称号。他的著作有《木经》三卷,可惜早已失传。

开封那座斜塔是木结构,平面为八角形,总共有13层,高达360尺,比现存高285尺的山西应县木塔高出75尺,为当时开封最高的塔。

传说,开宝寺塔建成后,人们发现它是倾斜的,非常惊异。喻浩告诉大家,不必惊诧,因为"京师平无山,又多西北风",我是有意把塔的重心略微偏向西北向,以防止这主导风向吹袭,我还有意把塔基移位,以防止沉陷。不过,大约100年之后,这塔即可正身。我预料这塔若不遭天灾人祸,可存世700年。可惜,这塔只存世54年即遭火灾。喻浩的预言也无法验证。

然而,开封现存的佑国寺塔(俗称铁塔),即是按照原斜塔样式建造的,尽管平面和层数相同,但木塔改为琉璃塔,且高度却仅只56.66米。

人家的斜塔存世至今,我们的斜塔早已遭灾。我国古代建筑多为木结构,极难保护,再加上天灾人祸,明代以前的原构建筑,所剩无几,当倍加爱护,万万不可妄加破坏。可叹,近年又出现一种怪现象,保护真实的古建筑,经费不足,却又热心于修建假冒伪劣的古建筑,且资金雄厚。如若此风再蔓延下去,非但浪费人民的大量财富,真正的古建筑还会继续遭到破坏。按照有关修复古建筑的规定,在财力允许的条件下,修复一些有价值的文物建筑,亦无不可。然而,现在修复北京圆明园,又有什么必要呢?我甚至以为,保护好圆明园的残迹及其景观氛围,不再遭致人为的破坏,比花费大量资金修复更有意义。

开封佑国寺塔

比萨斜塔

梁思成与刘敦桢不约而同

30年代，在建筑界即有"南刘北梁"之说，南刘指的是刘敦桢，北梁指的是梁思成。那时，梁任中国营造学社法式部主任，刘任该学社文献部主任。他们是1932年会合在北平中国营造学社的。

据传，他们二人第一次见面是在梁思成家里。当时，刘敦桢问梁先生："研究中国古代建筑，应从何入手？"梁先生没有回答，顺手从桌子上抄起一张纸写了两个字，刘先生也拿起一张纸，也写了两个字。等两个人互相亮出纸上的字，竟不约而同，都写了同样的两个字，即"材、栔"二字。

"材、栔"是宋代衡量建筑物和建筑构件尺度的基本模数单位，在[宋]李诫著《营造法式》中有详细的规定。梁先生在学社担任主任的法式部重点是研究这部《营造法式》，因为当时还没有人能看得懂这部古籍。

这一段佳话说明了他们二人见面伊始，即对古建的研究工作有共识，也象征密切合作长达14年之久的良好开端。

梁思成和刘敦桢都是中国古代建筑研究工作的开拓者。梁先生对《营造法式》研究了一辈子，终于解开了该书的一团迷雾，今天世人也只有研读梁思成著《营造法式注释》一书，才能明白书中的内容。可叹，《营造法式注释》上册在10多年前就出版了，其下册的资料原稿现仍存于清华大学建筑系。但愿他们能够腾出手来，尽快把下册整理完毕，尽早出版。

刘敦桢先生在学社专攻古籍文献中关于建筑的记载。据说，迄今为止，他是我国阅遍浩瀚古籍中关于建筑记述的唯一的建筑学家。这个传说，我确信不疑。从《刘敦桢文集》四卷中的广证博引，即可看出这一点。

据闻，1943年刘先生应邀重返中央大学任教时，梁先生还挥泪送别刘先生离开中国营造学社。可见，他们之间情谊之深厚。

"憨大"不收礼

30年代，上海营造厂的一些老板给童寯起了个绰号"憨大"。童寯是谁？这是为什么？

童寯(1900~1983)，20年代末从美国宾夕法尼亚大学取得硕士学位回国后，曾任东北大学教授，"九·一八"事变后到上海与赵深、陈植合伙办华盖建筑师事务所，从事建筑设计。解放前后又聘为现东南大学建筑系教授。他的著作等身，他的设计作品（大都是精品）遍布上海、南京等城市。

30年代，营造厂老板为了能揽到生意并多赚点钱，特别是为了能偷工减料，向建筑师送礼是常事。因为童寯从不收礼，一些资本家给他起了个绰号"憨大"。据童老长子清华大学电子工程系教授童诗白先生回忆，有一次童老不在家，诗白先生替他收下了礼物，遭到童老严厉训斥，并告诫他任何人送的任何礼物，今后都不能收。童老还告诉他"如果再送礼，今后对他们会更加不利"。后来，这些老板又打起了"游击战"，把礼物放在门口，按下电铃，赶紧跑开。弄得诗白先生无可奈何，还得遭训斥。

童寯先生是出于污泥而不染的建筑大师。我写下这么一段轶事，无非是希望年轻建筑师们记住，拿了人家的手短。而且，出图以后还要常常跑工地去看看，检查工程质量，特别是那些隐蔽工程的质量。尽管，近年来在发生重大质量事故后，例行要进行全面质量大检查，但那些隐蔽工程质量到底如何，天晓得。

梁思成、林徽因与徐志摩

关于梁思成、林徽因与徐志摩他们三人之间的深厚情谊,在许多书刊里已有不少记述。我在这里,只拣几件事,记下来。

建筑师不应当是只会画图的工匠,还应有高尚的情操和丰富的感情世界。既受过中华民族传统教育又接受了西方现代文化,从而学贯中西的梁思成及其夫人林徽因是我国当代具有高尚情操的杰出建筑学家。他们不愧是人生感情生活中的强者。

一个建筑师,如果只知道整天俯在图板上画图,那他在建筑创作中就很难使不会说话的砖头瓦块,经过自己潜心的艺术整合加工,让建筑物富有感情色彩,让它能够述说它将给人们带来怎样的感受,成为石头的史诗。

沈从文回忆:"第二天一早(指1931年11月22日,即徐志摩空难逝世后的第三天——引文注),车抵济南,我赶到齐鲁大学,由北平赶来的张奚若、金岳霖、梁思成诸先生也刚好到达。""从北京来的朋友,带来了用铁树叶编成径尺大小的花圈如古希腊雕刻中常见的样式,一望而知必出于志摩先生生前的好友思成夫妇之手。"

1935年,当梁思成、林徽因从浙江宣平调查元代古庙后返回北平途中经过徐志摩的故乡硖石站时,林徽因写道:"在昏沉的夜色里我独立火车门外,凝望着那幽暗的站台,默默地回忆许多不相连续的过往残片,直到生和死间居然幻成一片模糊,人生和火车似的蜿蜒一串疑问在苍茫间奔驰……如果那时候我的眼泪曾不自主的溢出睫外,我知道你定会原谅我的。"(见林徽因《纪念志摩去世四周年》一文)。就在这篇文章里,林先生最后还写道:"你去后大家就提议要为你设立一个'志摩奖金'"。据我所知,现在似已无人提及这件事了,岂不令林先生在九泉之下眼泪再度溢出睫外。

据陈从周回忆:"童寯后来告诉我,1931年志摩到沈阳东北大学,与思成、徽因一二日小聚后,南归不久便坠机丧生。"童老的这段回忆也很重要,千里迢迢专程北上探视梁、林二位先生,说明他们三人之间情谊之深。

还有,徐志摩之所以匆匆搭乘邮件飞机北上,是为了赶上第二天去北平协和医院礼堂听林徽因关于中国建筑的学术报告。

印度诗人泰戈尔(右3)1923年访问北平时与梁思成(左1)、林长民(左3)、林徽因(右2)、徐志摩(右1)等合影

杨廷宝与少帅府

尽管许多读者可能知道杨廷宝何人，少帅府何人府邸。为确切起见，我还要先罗嗦几句。杨廷宝(1901~1982)是我国当代著名建筑师，1927年从美国学成回国后，即到天津基泰工程司主持建筑设计工作，抗战期间又在重庆中央大学兼任建筑系教授。解放后，除在南京工学院从事教学外，从未间断建筑设计业务。至于少帅府则是指沈阳城里的张学良府邸。

在沈阳，张作霖原有三座府邸，一处是最早的四合院老帅府，一处是张作霖与五太太寿夫人住的小青楼帅府，另一处则是由天津请来的李木匠营造的大青楼帅府。

这里所说的少帅府原是老帅张作霖生前为其几个儿子拟建的6座楼房。老帅被日本人炸死在沈阳皇姑屯后，张学良继任"东北王"，并着手筹划这座新帅府，人称少帅府。

据闻，当时曾向一些外国建筑师征集来不少方案，并未向中国建筑师征集设计方案。这也难怪少帅，因为那时中国建筑师都刚刚从国外学成回国，都是20多岁的青年，且为数不多，满打满算也不过二三十人。

天津基泰工程司是由美国学成回来的关颂声先生创办的中国较早的规模较大的一个设计事务所。当关先生得悉少帅正在征集设计方案时，距截止日期只剩下两三天时间了。于是，决定派杨廷宝立即飞赴沈阳，参加投标。杨先生抵沈阳后，顾不上休息，夜以继日在现场踏勘，俯案构思绘图，在征集截止之前拿出了一套完整的设计方案参加投标。

据说，张学良与夫人于凤至亲临方案展厅挑选。最后，他们夫妇二人一致看中了第×号方案，揭开封签，才知道是天津基泰工程司杨廷宝的方案。中国建筑师的方案被选中，令少帅夫妇十分欣喜。

到"九·一八"事变时，地下室已完工，工程已露出地面。东北沦亡，不得不停工。这座由6栋楼房组成的少帅府直至1939年才由荷兰一家公司建成。

这座由张学良投资建造的少帅府，先后由日本军队和国民党占据。现在，保存完好，并列为省级文物保护单位。

杨老在世时曾谈起这件事，但未详谈，别人也未及细问。

沈阳少帅府

童寯与东北大学建筑系

　　东北大学建筑系是梁思成先生1928年从美国回国后创办的。童寯与梁思成是美国宾夕法尼亚大学建筑系同学，1928年毕业后在美国建筑设计事务所工作了两年。1930年归回后，即应梁思成之邀到东北大学建筑系任教。当时，梁先生唯恐童寯不肯就职，还提出以系主任相让。梁先生有这样的高尚风格，童先生当然不会接任系主任。

　　到1931年夏秋之际，梁思成和林徽因离开东北大学到北平中国营造学社专心致志研究中国古代建筑，童先生才接任系主任。

　　不久，"九·一八"事变爆发，时在二年级读书的建筑大师张镈在90年代初回忆当时的情景，写道："次晨(指"九·一八"事变次晨)，与同学费康进城到他二哥费彝民家中探听消息。他当时是法新社记者，早有预感，劝我们赶快进关逃避。这时，童寯老师慷慨解囊以银元相助，促我们连夜乘火车进关。"

　　1931年冬，童先生到上海，加入赵深、陈植开办的建筑师事务所。东北大学建筑系许多三、四年级的学生逃亡上海后失学，童先生联络其他老师义务给这些学生上课，没有课堂，就在家里上课、考试，并多方联系，经陈植联系在上海大夏大学借读，但仍给发东北大学毕业证书。

　　从东北逃亡关内时，童先生自己的东西无法携带，许多都丢弃在沈阳，但他却把东北大学建筑系教学用的玻璃版幻灯片随身带到关内，且八年抗战期间和解放战争期间，无论多么艰辛，也都随身携带这套幻灯片。1945年日本投降后，国民党政府恢复了东北大学，这套幻灯片，他没交给他们。直到解放后，才完璧归赵，交给当时的东北工学院建筑系。

　　这套由童先生精心保管、随身携带了18年的玻璃幻灯片，不知今日是否完好无损？

　　附：东北大学建筑系小史　童寯（见次页）

1930年童寯执教于东北大学时留影

原东北大学理工楼（建筑系成立于此楼）

只有旁听生上课

著名文学家张中行在《红楼点滴》一文中回忆道:"记得1947年或1948年,老友曾君来串门,说梁思成在北大讲中国建筑史,每次放映幻灯片,很有意思,他听了几次。下次是最后一次,应该去听听。到时候,我们去了,讲的是花园、桥、塔等等。记得幻灯片里有苏州木渎镇的某花园,小巧曲折,很美。两小时,讲完了,梁先生说:'课讲完了,为了应酬公事,还得考一考吧?诸位说说怎么考法?'听课的有近20人,没有一个人答话。梁先生又说:'反正是应酬公事,怎么样都可以,说说吧!'还是没有答话。梁先生像是恍然大悟,于是说:'那就请先看看有几位是选课的吧。请选课的举手。'没有一个人举手。梁先生笑了,说:'原来诸位都是旁听生,谢谢诸位捧场',说着,向讲台下作一个大揖。听讲的人报之以微笑,而散。我走出来,想到北京大学未改家风,心里觉得安慰。"

张中行先生在回忆文章里不止一次地提及这段佳话,可见印象之深。我今天再读这段生动的记述,不仅体味到北大的旧家风,而且更加崇敬梁先生的学者风度和高尚品德。我还想到,假如这样的"事件"发生在今天大学的课堂里会是怎样的结局呢?老师能够给学生作个大揖吗?建筑系的领导和学生,恐怕都免不了作一阵子检查。

我还想到,既然学文学的自愿去听建筑史课程,那末,学建筑的学生就更加有必要去听听文学史方面的课,比如中国文学史,外国文学史,乃至作曲系的课……。要知道,搞建筑创作(不是建筑画图)没有深厚的文化底蕴的支持是不可能有重大建树的。

由此,我又联想到,大学里建筑系的选修课是否把选修面再扩大一些呢?

东北大学建筑系小史　　　　童寯

沈阳东北大学建筑系创设于民国十七年秋。属于工学院。时高惜冰君为工学院院长。值梁思成君及夫人林徽音女士自美归来。高君邀主建筑系。一切开始任务。招生仅十余人。梁君夫妇惨澹经营。所有设备。悉仿美国费城本雪文尼亚大学[1]建筑科。翌年添招一年级新生十余人。时陈植君回国。又被请赴沈襄助一切。学生成绩斐然可观。既而高院长离校。理工院长孙献廷于建筑系之发展。仍与梁君朝夕筹划。十九年又收新生一级。由美电请鄙人归沈。时图书照片模型等。几已应有尽有。唯屡因学校行政变迁。建筑系之扩充计划。不获实现。二十年春。陈植君赴沪经营建筑师业务。同年夏。梁君因北平营造学社急待整理,暂时离校。

秋季开学未久。即逢"九·一八"之惨变。师生相继避乱北平。筹谋复课事。数月未成。冬季鄙人来沪。至此复课之事。始有定议。理工部分。以缺乏设备。势须在他校借读。由鄙人召集建筑系三四年级学生来沪。由陈植君向大夏大学磋商。蒙欧元怀校长允许借读。到毕业时。仍发东北大学证书。所有教授。纯尽业务[2]。学生费用由东北大学按月补助。课程视前略有增减。授图案者为陈植君及鄙人。授工程者有江元仁君及郑瀞西君。营业规例合同估价诸课。由赵深君担任。四年级生九人。已于今夏九月底毕业。三年级七人。明年七月底毕业。旧有学生成绩。经去夏梁君思成制版。拟刊印成册。未果而变起。兹于本期刊学生图案数张。以后继续按期刊登焉。[3]

---

[1]今通译宾夕法尼亚大学。
[2]纯尽业务,疑为纯尽义务。
[3]此文首次发表于1932年。

不要英镑的建筑师

十多年以前，有一位老建筑师给我讲了30年代他经历过的一段故事。

30年代，他从江南一所大学建筑系毕业后工作了一两年，积攒了一些钱。于是，决心把这笔钱用在建筑旅游上，到北平看看中国传统的古代建筑，觉得光听老师讲建筑史，还远远不能体验和了解它的精髓和内涵，非身临其境不可。

在北平，除了照像之外，看到一些打动心弦的建筑，还画了一些水彩。有一天，在北海公园画白塔。那时，逛北海的人不像今天这么多，但也有几个人围观。有两位英国人陪着一位英国老太婆看了半晌也不走，待那幅画已经画完，即将收摊准备离开的时候，那位英国老太婆以羡慕的眼光看着他说，我很喜欢您画的这幅水彩，能卖给我吗？要多少钱？那位老建筑师告诉我，当时他很激动，心想若要她一些英镑肯定会够在北平的开支，又想，人家既然瞧得起你的画，何必要钱呢？送给她算了，反正还没到穷极潦倒的地步，脱口而答，您既然喜欢，对我就是很大的鞭策，送给你算了！那位英国老太婆执意要给一张票子英镑。说到这里，我问他，人家给你多少英镑？他说，我连看也没看，把画交给她，就要拜拜再见。这时，英国老太婆拿出一张硬纸片，签上名，写了电话号和地址并说，你什么时候有机会到伦敦，请你同我联系，我希望在英国能再见到你。

又过了一年，他说，我真的去了英国，一方面想看看有没有机会在英国深造或者进某个建筑设计事务所工作几年；另一方面，想看看西欧古典建筑，也可以说是建筑旅游。在伦敦呆了些日子，学习进修，找工作，都很不容易，都没落实，钱也花的差不多了，决心回国自己办一间建筑设计事务所。未料，临回国前，几位朋友聚餐给我送行时，我讲了送画给英国一位老太婆的故事，有两位朋友说，你怎么不去找她，她是英国的富婆，而且在英国有相当社会地位。你先别回国了，去找找她，念书、工作，经她介绍，都不费吹灰之力。你若回国，就会丧失一次非常好的机遇。我插嘴又问，您找她没有？结果如何？他说，我没去找她，过两天我就登船回国了。他还说，至今我也记不起她的地址和姓名，那张卡片早已丢了。

故事讲完后，那位老建筑师说，我这个人一辈子都没学会趋炎附势，没学会钻营，没学会攀有钱有势的，没学会找后台。至于送水彩画给人家，至今我仍觉得是无可挑剔的，若收英镑，那未免太低贱了，有损我的人格，我又不是以卖画为生的知名画家，何必呢？人家喜欢，对我说来，就是价值的肯定。

聊天结束时，他还说，我这一辈子，秉性未改。解放前，开办事务所，没赚到多少钱；解放后，我依然像刚才说的那样，经历过那么多次政治运动，也没学会投机钻营，一门心思做建筑设计。

据我所知，他的建筑设计作品有许多已载入建筑史册，他的文章写的好，道德文章也好。

赵深"自首"

赵深,字渊如,是我国第一代建筑大师,江苏无锡人,1898年生,1919年清华学校毕业后,1920年赴美国,1923年获宾夕法尼亚大学建筑学硕士学位。1927年回国后,一直从事建筑设计工作,直至1978年病逝上海。他一生中主持设计或参加设计的工程达200项之多,可谓多产建筑师。他是以人物条目列入中国大百科全书中8位建筑师之一。至于他的业绩,建筑界大凡都知道,但有一件事,恐怕知道的人就不多了。

抗日战争期间,赵深在昆明设计过一座电影院,采用剪刀式屋架。由于剪刀屋架中部的钢筋拉索妨碍了放映机的投放光束,电影院把拉索拆掉,有一天放电影时,突然倒塌,伤亡近千人。这是一次惨重的工程事故;当赵深得知这一倒塌的消息后,立即主动去警察局"自首"。

虽然这场事故的原因与设计无关,是经营者造成的,但作为一名建筑师深感痛心并主动去警察局"投案"。这就是建筑师的社会责任心、高尚的职业道德在重大关头的具体表现。这才是真正意义的言传身教。

现在,有些工程事故的罪魁祸首,非但没有一个去自首,反而百般抵赖。这反差够大的吧!

赵深不仅是一位才能卓越的建筑师,而且是一位道德高尚的建筑师。

费孝通的遗憾

前些年,在一次会上,著名社会学家费孝通说过:"50年前梁思成先生刚建立清华大学营建系时,曾邀我给营建系的学生上社会学的课,当时由于种种原因,课没有开成,至今想起来,还感到终生遗憾。我发现,当今国内小城镇建设中,大量存在的是社会学问题。因此,现在是响应梁教授召唤的时候了!"

由此,我想到,梁思成先生并不像有的人想象的是一位保守的学者。梁先生在1946年创办清华大学营建系的时候,就已经摆脱了当时传统建筑系课程设置的框框,提出建筑系的学生要懂得社会学。由此,我又联想到,今天建筑系的学生乃至有些在职的建筑师,知识面过于狭窄,尤其是对社会科学知之不多。这不也是费孝通所遗憾的吗?

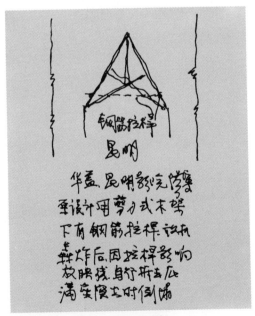

张镈生前对此次钢筋拉杆事故画的图解

从土匪不要照像机说起

每当我们翻阅《梁思成文集》和《刘敦桢文集》，读到他们30年代为了搜寻测绘古代建筑，骑着骡驴奔波在穷乡僻壤之间，有时甚至用报纸来御寒的记述，不禁油然产生一种敬仰之情。特别是梁先生夫人林徽因，体弱多病，也常常不避艰辛，随同他们一道去人烟罕迹的乡野调查古建筑，甚至比男子汉还勇敢，爬上屋架查找佐证，更令人肃然起敬。现在的青年人，难于理解，他们为什么放弃在国外、在城里优裕的生活而愉快地投入这前无古人的古建筑调查工作。

除了艰辛之外，有时还会遇到土匪抢劫。抗战期间，在营造学社工作的刘致平先生在四川调查民居时，有一天住在乡野的一间小店里，曾遇到土匪深夜破窗而入，抢他的财物。土匪翻了半天，尽是些图纸，既没找到钱财，也没发现什么值钱的物品。刘先生是一位穷书生，连路费、饭费，都是靠有关部门接济的，哪里有钱。那时，他唯一的财产是一架随身带的照像机。他把像机抱在怀里，唯恐被抢去。而土匪确实土，抢过相机，看了看，不知何物，竟还给刘先生。结果土匪什么也没抢到，仓惶逃窜。

无独有偶，1996年，钟训正教授(工程院院士)去西班牙参加世界建筑师大会，在广场上正聚精会神地审视西班牙的古建筑，一转身，装照像机的小包，不翼而飞，不知去向。看来，西班牙小偷确实身手不凡，像斗牛士一样灵敏，洋匪比起土匪确实高明得多。

也有比小偷还机敏的建筑师，他就是彭一刚教授(中科院院士)。1995年，他刚到罗马的第一天在公共汽车上，装在西服里面口袋的护照、钱包，不知怎么被罗马小偷拿到自己手里。当即被他发现，当他从那小偷手中夺回时，小偷冲他笑笑，走开下车，似乎在说，我这个世界著名的罗马小偷竟栽在中国著名建筑师手里，不可思议！

这些遭遇，对建筑师来说，也并不新鲜，因为他们这种职业需要到处走走看看，汲取新的滋养。作为一名建筑师，确实不应该长年累月扒在图版上画图，翻杂志，看图册，东抄几笔，西描几个线条。像梁思成、杨廷宝、童寯这些著名建筑师都是从美国回国之前绕道欧洲实地考察过欧洲建筑。建筑，在书本上看看只能留下一些印象，到当地审视体味无疑会得到升华。同一座建筑，不同的人会有不同的认识。即使是同一个人，随着阅历的增多，文化素养的提高，相隔几年，也会有不同的认识。当年，梁启超曾写信给梁思成、林徽因夫妇指点到欧洲去哪些国家、哪些城市，是不无道理的。假如，今天若有人有条件去欧洲作一次古建筑旅游，依然按着梁启超70年前的指点亲历一番[1]，不知收益将会如何？

---

[1]梁启超指导梁林夫妇从加拿大到美国，然后去瑞典和挪威，因为那里有别具特色的现代建筑。还告诉他们到德国去看看古代城市和城堡，到瑞士去看看自然景色，在意大利要多停留，了解文艺复兴。梁启超还提到要去西班牙，去土耳其看伊斯兰建筑。后来，实际上，梁林夫妇到了法国、英国、瑞士、意大利、西班牙和德国，并取道西伯利亚回国。

梁思成图稿失而复得记

1947年春,梁思成先生应邀赴美国耶鲁大学和普林斯顿大学讲学,并获普林斯顿大学名誉学位。此外,还与世界著名建筑师一道担任联合国大厦设计顾问。趁此机会,梁先生把自己抗战期间在四川用英文撰写的《图像中国建筑史》书稿,其中包括文稿、照片和精心绘制的图稿,全部带至美国,欲在美国出版,以向全世界宣传祖国灿烂的传统文化的重要组成部分——中国古代建筑。

未料,1947年6月突然获悉爱妻林徽因教授因病住院需做大手术,不得不立即回国。临行前,他把图稿及照片交给与之合作修改文稿的费慰梅女士(Wilma Fairbanks)。费女士是美国研究中国的专家费正清的夫人。梁夫妇与费夫妇在抗战前就已经结下了深厚的友情。30年代,费慰梅居住在北平,她还随同梁、林夫妇一道去山东等地实地调查研究过中国古代建筑。而那部书稿的文字部分,梁先生又随身带回,意欲"在回国的长途旅行中把它改定。"图稿留给费慰梅保管。

梁先生回国后,妻子生病、清华营建系刚刚创办、解放战争、抗美援朝、思想改造、规划新首都等等重大事件接踵而至,当然无暇顾及自己那些图稿。直到1957年,因中美不通邮,只好请费慰梅女士寄至英国转寄给梁先生。1957年4月那位住在英国的华人建筑师还回信给费女士说邮件已收妥。直到1978年,时隔22年后,才发现那些图稿梁先生并未收见。怎么回事?怎么办?幸亏费女士心细,翻出来保存20多年的回信,按原址函索,信被退还,告此处无此人。

直到1980年才找到那些遗失多年的图稿和照片。谈起这件事还要感谢她的一位住在伦敦的英国朋友。当这位朋友得知收到图稿的中国建筑师曾经工作过的城市后,即电询该市建筑师登记管理处,不费吹灰之力,前后只不过用了一刻钟即查到该人已移居新加坡的工作地点。这归功于英国有一套完整的建筑师登记管理制度。只要在英联邦范围内,登记过的建筑师都不难查到。假如工程出了责任质量事故,只要在英联邦范围内,负有事故责任的建筑师很容易找到并缉拿归案。

经过一番交涉,那位华人建筑师才将束之高阁的图稿邮包完璧归赵。尽管如此,我们也应该感激他从英国带到新加坡并未当废纸给处理掉。也幸亏他给保存下来,若1957年寄给梁先生而且"文革"前又不可能出版,在"文革"中无疑会被抄家毁掉。

这部《图像中国建筑史》经费慰梅女士努力,于1984年在美国由麻省理工学院出版社出版英文本,于1991年由中国建筑工业出版社出版中英文双语版,因为只印1060册,至今已难购得。此外,在台湾也出版了另一版本。

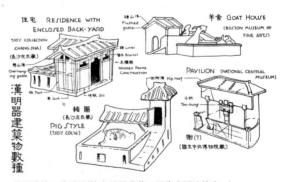

梁思成绘汉代明器(摘自梁思成著《图像中国建筑史》)

关于林徽因……

关于我国现代建筑学家,诗人林徽因(原名徽音),建筑界、文学界人士已写过不少回忆文章,林先生的著作,特别是文学著作,也出版过不少版本。最近,天津百花文艺出版社又出版了由她儿子梁从诫编的《林徽因文集》(建筑卷和文学卷)。这部文集向读者全面地展示了林先生短暂一生的丰硕成就。

从众多回忆文章里,我发现,林先生是一位性格开朗、热情奔放、心直口快的现代女性。

据"九·一八"事变前她在东北大学建筑系的学生张镈前些年同我讲,林先生的英语水平非常高,当年在东北大学还教过他们专业英语,口才好,讲起英语也是滔滔不绝。林先生的语言天份很突出,同她丈夫梁思成吵嘴用英语,同她母亲吵嘴用福州话,同保姆说话用普通话。这样,小俩口吵嘴,别人听不懂;母女之间吵吵嘴,别人也听不懂,多么有趣。

另据一位土木工程专家回忆,他当年考入东北大学建筑系,开学后第18天上素描课,林先生看他画的太差,着急了,脱口而说:"呀!怎么不像人画的!"他听了非常生气,去找系主任梁思成告状并要求转系。梁先生和颜悦色地解释说,那是林先生心急说走了嘴,不要在意,并劝他继续留在建筑系。后来,他还是转学到土木工程系,毕业后几十年来在工程上还有所成就。当这位土木工程专家向别人讲述这段故事时并没有埋怨林先生的意思。他是在说,学建筑学要有艺术天赋,是林徽因促使他改学适合自己的专业,受益终身。

至于梁林夫妇二人,虽然年轻时偶尔也吵嘴,但许多重要事情都是互相商量,而且常常是林先生作主。但也不尽然。有时两人争执不下,又都是林先生让步。比如,他们在30年代只有一台照像机,胶卷也有限,常常要省着用。外出调查,梁先生要拍斗栱,林先生要拍民居,胶卷又不敷用,两人争执不下,但最后往往是林先生让步。

少女林徽因

可以实现的幻想

建筑学家刘敦桢先生1948年1月在《南京政府公报》发表了《都市的建筑美》一文。刘先生在此文里向南京政府建议:"应从积极方面,尤须以奖励方式,唤起市民对建筑美的重视与认识。如按年选择市内最佳建筑,确免其业主应纳捐税之一部分;对担任此项工程之建筑师与营造者,可授以奖牌或奖状,以示崇异。"刘先生的这项建议无疑是正确的,但因不合时宜,如同对牛弹琴,只能是一个美好的幻想。

今天与50年前相比,"天翻地覆慨而慷",国泰民安,蒸蒸日上,刘先生的幻想当可以实现。

近年来,各地政府或民间都举办过多次优秀建筑评选活动,殊堪称赞。然所评者却把设计与施工分割开来,有的奖项只看施工质量不顾设计水平,有些奖项又只顾设计不管施工质量。

若将二者合而为一,一座城市一年之中评选出2~3项最佳建筑,除予以设计和施工者奖励之外,再对业主以减税方式予以嘉奖,岂不既适合了市场经济,又在市民中提倡了建筑美?

刘敦桢先生虽终生读书、写作、教书,是一位建筑学家,但他50年前对市场经济的认识即已胜出我们今天,并已提出"唤起市民对建筑美的重视与认识"。

时至今日,我们的媒体对唤起市民的建筑美意识似还做得很不够,且有时还产生一些误导。

重温50年前的忠告

近年,我每到一座城市,都对那些遮盖商业建筑正立面的巨幅广告困惑不已,不得见建筑的真面目;而在街上又对那些底部距地面仅只1.7m的广告牌时时小心翼翼,唯恐碰得头破血流。

偶然翻阅到刘敦桢先生50年前发表的《都市的建筑美》一文,豁然开窍。他建议:"商业性广告,为最易破坏市容之因素之一。若能仿效巴黎成法,每一招牌之建立,必须先得市政当局许可,则最为理想,否则亦当限制招牌之面积与高度,禁止其伸出屋面以上;或苛以特种捐税;或于指定地点,设立揭示柱,以资调剂;或如英国曼彻斯特市规定招牌模式,强制市民使用;或举办文告招牌展览会,以促进市民之审美观。"

不知,您看了这段话,以为如何?我倒以为,不管是巴黎,还是曼彻斯特,他们的做法,均可参照,作些硬性规定,特别是苛税的办法,接轨并不难。

缺少章法,疏于管理乃广告泛滥之根本原因。当务之急是清除广告污染。办法多的是,关键是管不管、由谁来管。

雍容揖让

1949年，有人向清华大学营建系主任梁思成先生推荐雕塑家高庄先生到营建系任教，又有人告诉梁先生，高庄先生虽然才华卓越，但秉性不凡，很难相处。于是，梁先生说，只要有才华、有能力，我宁可让他三分，也要聘他当教授。结果，真的聘任了高庄先生，而且当时他只开了一门课——木工。

关于高庄先生的功绩，清华大学陈志华教授在1986年的一篇绘声绘色的回忆里写道："我们系老师们设计的国徽图案被政协原则上通过之后，请高先生塑造。他一向爱美爱得入迷，鉴赏力极高，而且眼到手到。再加上生性认真，从来不肯马虎，所以在塑造过程中，对方案有不满意的地方，就不管不顾地'擅自'修改起来。幸亏系主任梁思成先生全力支持，一方面写报告向中央说明情况，一方面充分信任，决不干扰高先生的工作……多少日子之后，他带着满眼的血丝，右眼被台灯烤得近乎失明，完成了修改和塑造。一看成品，全系的教师和学生没有一个不赞叹，但是除了给我们讲了一次课之外，他以后不再提起这件事。"

从这里，我们可以看出，梁思成先生的雍容大度，而且说到做到。高庄先生也确实认认真得让人难以置信。据说，为了修改国徽方案，他曾写信给毛主席，开头他就写毛主席您是伟大的政治家、军事家，但您不懂艺术，并直谏他的修改意见。可惜，现在找不到这封信。更可惜，1957年他被错划为右派分子。１９７１年，高庄先生在路上碰见陈志华时说，他自己已经无所谓，但是他一生收集的工艺美术方面的资料，散失了太可惜，希望能交给一个可靠的单位收藏。

如今，高庄先生去世了，他花了一生心血收集的工艺美术资料，是否也随他而去，人们都说不知道。

几十年来，由于政治思想上的原因，我们损失了不少人才，也损失了不少宝贵的资料，但愿别再因为经济上的原因，又损失人才和资料。

关于高庄教授，我们知之不多。从最近清华大学建筑学院院长秦佑国《梁思成、林徽因与国徽设计》一篇论文中，我们才知道高先生对国徽设计的贡献和艺术追求。现不妨抄录如下：

"在国徽图案通过之后，梁思成推荐当时在清华大学营建系任教的雕塑家高庄教授进行国徽浮雕模型的设计和定型工作，并由营建系徐沛真协助工作。

高庄为国徽的浮雕模型付出极大心血，严肃认真，精雕细刻，对原有图案进行了精致的修改和完善，到8月中旬完成了国徽石膏模型。

1950年8月18日在政务院会议室召开《关于国徽使用、国旗悬挂、国歌奏唱办法及审查国徽图案座谈会》，高庄在会上发言：

各位领导：国徽模型的塑造，被我耽误了很多时间，非常抱歉！不过，耽误时间是由于我的一种愿望。这种愿望就是想使我们的国徽更庄严、更明朗、更健康、更坚强、更程式化、更统一，更有理性、更有组织，更有纪律，更符合于应用的条件，并赋予更高民族气魄和时代精神，以冀我们的国徽艺术性提高到国际水平和千万年久远的将来。因此，我在塑造中间做了一些修改，是否妥当，请予裁夺。

会后，高庄和徐沛真对模型做了适当的修改和定型，并验制了国徽图案的墨线图和剖面图，上报中央人民政府。"

陈从周与徐志摩

上海同济大学建筑系陈从周教授既是古建筑、古典园林专家，又是文学界知名人士。1981年春，他途径济南附近党家庄车站时，想到50年前诗人徐志摩在这车站附近的开山坠机惨死，吟了这三首诗："世事沧桑五十年，渐盈白发上华颠；遗文佚史搜堪尽，含笑报君在九泉。""泪湿车窗景转迷，开山斜日影低垂；招魂欲赋今谁笔，有子怀归在海西。""诗人逝去知何许，倦鸟投林尚有还；南北哪存清净土，硖川无份况开山。"

陈先生说："志摩父申如先生，是我妻蒋定的舅舅，又是我嫂嫂徐惠君的叔叔，我是由我嫂嫂抚育成人的，因此有着双重戚谊。"徐志摩遇空难是1931年，虽然，那时陈先生才14岁(实际不足13岁)，由于陈先生在中学课本上读过徐志摩那篇《想飞》，还能背诵，这就把他带入了爱好徐志摩作品的境地。他说："说也奇怪，不知什么力量，鞭策了我要将来为他写一篇传记的心……"于是，陈先生花了多年的功夫，多方面搜集有关徐志摩的资料，终于在1949年在上海自费编印了《徐志摩年谱》，只印了500册，并且是非卖品。如今，这《年谱》已是公认迄今为止研究徐志摩的最重要参考资料。要知道，那时陈从周已是上海一间大学建筑系的教授了。

在徐志摩夫人陆小曼于1965年病逝前夕，弥留之际还特意嘱咐她侄女陆宗麟将徐志摩的一些遗物交由陈从周保存。据陈先生讲："其中有她编的《志摩全集》排印样本和纸型，梁启超先生的集宋词长联，以及一些她与志摩的手稿。还有小曼自己画的那张山水长卷，坠机时未毁的纪念品。有胡适、杨铨等的长题。"万幸的是，陈教授在1966年"文革"开始前夕，除将梁联及陆卷交由浙江省博物馆收藏外，将《志摩全集》清样等物转交北京图书馆保存。否则，这些文物定会在"文革"中遗失焚毁无疑。

陈从周先生为我国文学界做了这么两件要事、好事，实属功德无量，后辈永远不会忘记他的功绩。由此也可见陈先生道德风范之一斑。

刘秀峰抓建筑"三史"

当了10年建筑工程部部长的刘秀峰同志在"四清"运动中被下放到郑州砂轮厂当副厂长，直到"文革"以后，才平反昭雪，不久即病逝。

在"四清"运动中，一些人批判他不务正业，用了不少精力跟一些知识分子研究"三史"——古代建筑史、近代建筑史和现代建筑史。那次对刘秀峰的批判贻害不浅，以致"四清"运动后，撤消了建筑科学研究院历史研究所，人员下放，资料散失，至今仍难以恢复原来的实力。

按说，作为建工部的领导人着力抓"三史"工作，无疑是正业，是该管的事。时至今日，建筑界的一些老专家、老领导还怀念那时建工部的主要领导人(刘秀峰、万里、周荣鑫、杨春茂等)重视建筑文化建设。现在人们捧读的《中国古代建筑史》(刘敦桢主编)，就是刘秀峰花了很多精力抓出来的。

在共和国初建年代，建筑"三史"研究工作经费拮据，人手有限，但还是取得了不少成果，无论在研究力量上还是在资料积累方面，都为今后的研究工作打下了坚实的基础。

如今，理应更上一层楼，把研究建筑"三史"的散兵游勇组织起来，有计划、有步骤地把"三史"研究工作在更深入、更广泛的层次上开展起来。

严谨认真的刘敦桢

原南京工学院教授刘敦桢(1897~1968)早年留学日本,回国后20年代开始办教育,做设计,并毕其一生的精力研究中国古代建筑和古典园体,与梁思成先生并驾齐驱,是用现代科学方法研究中国古代建筑的开拓者。

刘敦桢先生不管任何事情都极其严谨认真,一丝不苟,对别人的工作也是如此要求,甚至使人感到有些苛刻。50年代,他带一批学生到苏州测绘古典园林,甚至要求学生把园中树的高度,树冠的尺寸都准确地测量出来。学生不耐烦地说,刘先生,树的尺寸今年量出来,明年它还长呢!刘先生还是坚持测下来,他说,我们是今年测绘的,就要取今年的数据。学生们也只好一一测下来,了事。

再如,他给别人写信也大都是先写出草稿,然后修修改改誊写清楚,再寄出。他的读书笔记和讲课的教案,也都工工整整,端端正正。

60年代初,在刘秀峰部长主持的一次讨论古代建筑史稿的会上,刘部长突然发问:"五代的建筑在篇章结构上应划在唐代,还是另列一章? 请问刘先生。"刘敦桢思索足足有一分多钟,然后只回答一句话:"这个问题,我还要再考虑,一时回答不上来。"

刘先生这种严谨认真的工作作风,不仅确保了他本人著述的内容质量,更重要的是带出了南京工学院一批师生良好的学风,当代代相传,以不辜负刘先生的一片良苦用心。

我仔细地观察过,我周围的人,"马大哈"者不在少数,事事"凑合",能"对付"过去,就"对付"者亦不在少数。如果能以刘先生的工作态度作为一面镜子,对照一下,那怕稍有改正,那我们做的事情,就不知要好多少。

1935年刘敦桢于北平

梁思成提携晚辈

当我写下这个题目的时候,我眼前忽然出现了成百上千名清华大学建筑系毕业的建筑师,因为他们都是梁先生的学生,也可以说都是被提携过的晚辈。然而,这里我只想记下"提携"二字确切意义上被提携过的三位晚辈。他们是:陈志华、张驭寰和萧默。

陈志华先生现在是清华大学建筑系著名教授,著作等身。1947年考入清华社会学系,到了1949年,社会学读不下去了,萌发了转系到营建系的想法,跑到梁思成先生家里去求助。

过了些日子,梁先生居然帮他转系成功。为此事,陈先生在1986年还写下一篇文章《一把黑布伞——纪念梁思成老师85诞辰》。此文已收入陈志华著《北窗杂记——建筑学术随笔》一书,1999年由河南科技出版社出版。

张驭寰是中国科学院自然科学史研究所研究员,50年代初东北大学建筑系毕业后,分配的工作不对口,一心一意欲研究中国古代建筑。为此,他找到并不认识他的梁思成,梁先生不辞辛苦,亲自到中科院找到严济慈帮助调动张驭寰,安排做建筑史的研究工作。从此,张先生毕其一生之精力专门研究建筑史并成为该方面的专家。直至今日,他还保存着40多年前梁先生写给他关于调动工作的信函。此信已收入《建筑百家书信集》一书,2000年由中国建筑工业出版社出版。

萧默是中国艺术研究院的研究员,清华大学毕业后,分配到新疆工作,因为对敦煌石窟颇有兴趣,写信给梁先生请求帮助联系安排,终于在梁先生帮助下于60年代调到甘肃敦煌研究所工作。几十年下来,他已是敦煌建筑艺术专家,对中国建筑艺术史,也有丰硕的研究成果。

仅从以上三例即可看出,梁思成先生不仅是恩师,也是当今许多专家、学者走上成功之路的恩人。

一辈子也没遇到过像梁思成先生那样的恩师、恩人的人,看了这段故事,该是多么羡慕他们三位人生道路上的机遇。而一辈子尽遇到那些长于整人的领导的人,也会比一般人更加企盼多些更多些梁思成。

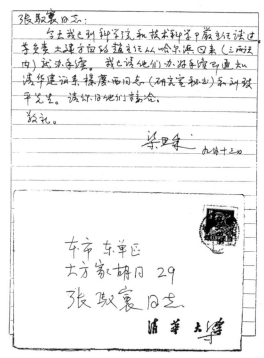

梁思成给张驭寰写的信

杨廷宝也恼火了

我国当代著名建筑大师杨廷宝(1901~1982),为人随和、沉稳,从不发火。这是建筑界公认的。然而,在1958年设计北京人民大会堂时,杨老真的恼火了。

开始时,即1958年9月对人民大会堂只提出7万平方米的面积要求,并未提出具体的功能要求,也未发计划任务书,而是任各地集中来北京的建筑师自由发挥自己的创造力。随后,陆续明确要建一座万人大礼堂、五千人的宴会厅,还有人大常委会的办公楼三大组成部分。经过几轮方案设计和评审,哪个方案都没通过。大家都感到,在37800平方米的用地上建设7万平方米的建筑物,又要满足上述三个部分的功能要求,巧妇确难做无米之炊。这时,北京市委副书记刘仁同志运筹帷幄,实事求是,命北京市规划局赵冬日、沈其,本着敢想、敢干、敢于突破原定用地面积及建筑面积的精神,另起炉灶,提出一个大胆突破的设计方案。于是,经过他们二位建筑师日夜奋战,提出了一个占地71400平方米用地,建筑面积为171800平方米的方案,即在用地上多出33600平方米,建筑面积多出101800平方米的方案。这个方案在1958年10月14日被中央采纳后,即任命张镈为设计总建筑师,由朱兆雪负责结构设计。也就是说,由张镈在其方案的基础上率领一批人再做初步设计和施工图。这就是人民大会堂设计过程的史实。

在这种情况下,杨廷宝、林克明等人恼火了。他们认为,规划局原来给划定的用地面积那么小,只给那么小的建筑面积又要装下那么多的房间,大家当然很难做出满意的方案。这就不符合设计竞赛规矩,也不合理。甚至,有人提出,若允许大家放手扩大用地和建筑面积,说不定别人还会提出更好的方案。

虽然方案已定,并已动工,建筑界的一些著名人士也还本着知无不言、言无不尽的高度负责精神,提出了不同意见。梁思成先生认为,中选方案属下策——"西而古",是西方文艺复兴之古。建工部北京工业建筑设计院总建筑师王华彬则认为,中选方案的面积和体积都过大,大而无当,而且厅室也过大,暗室较多,采光不够。与此同时,吴景祥、陈植、谭垣等上海六位教授也上书周总理提出了不同意见,主要是不大同意西洋古典风格的立面,并担心天安门广场会出现过旷以及与东西两边建筑的比例失调问题。还有,谭垣先生说过:"人民大会堂巨大而不伟大。"

从而,于当年11月初周恩来总理亲自召集上述专家、教授等40余人在北京开座谈会,听取大家意见,并发表了感人肺腑的讲话。

那时,刚刚起步搞设计竞赛,缺乏经验,而且时间又那么紧,要求在国庆10周年前夕建成,发生了一些难于避免的问题是可以理解的。况且,用了仅仅10个月时间,建成了那么雄伟的建筑,无论是设计水平还是施工质量都堪称一流,令人兴奋不已。

如今,我们积累的正反面经验都够丰富的了,明白了赶工是带来设计施工质量问题的原因之一。但设计竞赛的规矩仍屡屡遭到破坏,就值得深思了。制定一个建筑设计竞赛条法,是否能约束一下不合规范的行为呢?

华南圭与梁思成吵嘴

　　1954年,为改造北海团城以西的金鳌玉𬟽桥,北京市政府曾聘请我国工程界老前辈华南圭先生和建筑学家梁思成先生各提出一个方案。在方案汇报会上,他们二位拿出了两个完全不同的方案。会上,各自阐述自己方案的优点。

　　随后,在讨论方案时,大家都毫不客气地指出各方案的缺点。华南圭先生说,梁先生的方案有连续的直角拐弯,不便于汽车行驶,应让司机看看,让司机提出意见。梁先生说,华先生的方案等于在中海又增添了一道长堤,破坏了水面完整,而且两桥并列,一中一西,不成体统等等。接着说,要说司机,我就是一个有20多年经验的老司机。两位老先生争论了一阵子,华先生急了,竟说出,你是大代表(指全国人大代表),我是小代表(指北京市人大代表),大代表总是对的,有理的。这当然是气话。

　　虽然两位专家有的话不够客气,甚至出格了,然而通过彼此阐述自己的方案的优点,指出对方方案的不足,却有助于领导全面权衡,作出正确的选择。此次争论的结果是这两个方案,因为都有明显的不足之处,未被采纳,而采取了现在大家看到的不拆原桥,向南侧加宽原桥的方案。

　　在讨论设计方案时,虽然互相指责是不可取的,但实事求是地指出各个方案之不足,甚至缺陷却是十分必要的。

　　多年来,我国建筑界形成了一种不见诸文字的行为规范,就是相互之间,除了只说自己方案的优点之外,对别人的方案,若说,也言不由衷,说些恭维的话。至于别人方案之不足,绝对缄口不议。诚然,这有利于维护表面上的团结,实则不利于开展建筑评论和建筑设计水平的提高。

北京未改建前的北海大桥

"四部一会"的大屋顶

在北京复兴门外三里河有一组建筑，称"四部一会"办公楼。所谓四部是财政部、一机部等四个部的办公楼，一会即国家计划委员会。这一组建筑是我国当代建筑大师张开济于50年代初规划设计的。

现在看，这"四部一会"楼群的四个部的办公楼屋顶都是大屋顶，唯独居中的国家计委办公楼是平顶，没有大屋顶，令人莫解。从建筑设计的角度看，无法理解建筑师怎么这么处理，论张总的能力水平，是绝不会有这样的败笔。为了让后人理解，当然也是为了给张总拿下这个背了40多年的"黑锅"，我觉得有义务披露其真相。

1955年，当四个部办公楼已经竣工，大屋顶建成之后，国家计委办公楼大屋顶的琉璃瓦已运至工地即将盖大屋顶时，反浪费运动开始了。国家计委的大屋顶还盖不盖，成了当时人们关注的焦点。当决定改为平屋顶之后，许多建筑师持不同意见，但都不敢说。在国家建委工作的苏联顾问也有不同意见。他们认为，既已备料，四个部的大屋顶已经建成，唯独居中的大楼没有屋顶，从建筑设计上来说，无法解释，不能形成一个完整的群体，而且此时不建大屋顶，以后将永远不可能再加建大屋顶，岂不留下永久的遗憾。这话也有它的道理，直至今日，每每谈起"四部一会"建筑群，张总还耿耿于怀。

那时，苏联是老大哥，苏联顾问没顾虑，于是特意向国家建委有关领导谈这件事。听取了苏联顾问的意见并向国务院副总理兼国家计委主任李富春同志作了汇报。李富春说，我主管反浪费运动，我怎么能够同意在国家计委的大楼上盖大屋顶呢！

李富春的这个指示传达给苏联顾问时，他也只好耸耸双肩，摊开双手，表示无可奈何。

至今，我仍以为，李富春的决定，从政治上来说，从中央领导部门来说，以身作则，无疑是正确的。判断任何问题，处理正确与否，都离不开当时当地的具体条件。当然，从技术上看，显然是不合理的。现在(1999年5月)，国家计委大楼正在维修(?)装修(?)，加的屋顶不伦不类。可是，它对面新建的银行大楼却顶着好几个大屋顶。真是40年路北，40年路南，路南的计委大楼该加大屋顶的，没加；路北的银行大楼，不该加大屋顶的，却加上了。把我给弄糊涂了，我又迷惘了。

"四部一会"建筑群之西部建筑

1999年的计委大楼

周总理批评北京饭店西楼

我国当代著名建筑大师张镈在《我的建筑创作道路》一书中写道:"周总理十分赞赏北京饭店中楼的迎宾路线。他作主人时站在中楼西侧台阶上,面向东侧入口大门。遥见来宾入门后先东折去存衣洗手间,然后,通过高大的拱廊向西徐徐走来。宾主对面相望,已能从容招手致意。握手后,多数到主人身后的跳舞厅参加宴前酒会,贵宾则请至主人身旁的贵宾室。届时,宾主齐集舞厅互相寒暄,通过三门进入宴会大厅。总理认为,这种流线的安排和宾主相见的气氛十分成功。"

"总理认为,新西楼厅堂富丽堂皇,但流线欠妥。主人站在风门口迎接,无回旋余地。冬季贵宾裹衣入厅,尚未整装即达正厅。宾主仓促相遇,显得有些窘促。宾主只能先握手后存衣,不符合礼仪程式,告诫我们要吸取教训。"

周总理的这些话是1958年在审查人民大会堂设计方案时说的。北京饭店新西楼是1954年由我国著名建筑师戴念慈设计的。应当说,这座建筑的设计是成功的,够得上精品,直到今天仍为建筑界称赞不已。但是,那时戴念慈才30多岁,我猜测,他那时还没有亲历过周总理所讲的高级外交场面,不了解礼仪程式,才在平面设计上出现这个缺憾。名家,特别是建筑师也难免有败笔。

时至今日,无论是主管领导、业主,还是建筑师,往往在审查设计时,都把注意力集中在建筑形式上,大都忽视平面设计是否能满足功能要求。在这个问题上,周总理给了我们意义深远的启迪。

北京饭店西楼

先吃饭，后设计

周恩来总理在50年代即已发觉，解放后我们设计的一些大饭店，一进门厅，就会闻到从厨房里串出来的炒菜味道。因此，在设计人民大会堂宴会厅时，周总理就曾指示张镈同志要设法克服饭店设计中的这个通病，并指示有关人员，要给建筑师安排一次参加大型宴会的机会，让他们从厨房操作、服务员上菜、供应水酒一直到坐下来参加宴会，去体验一下生活。于是，在1958年年底，安排了设计人民大会堂宴会厅的建筑师们参加杨勇上将在北京饭店西楼宴会厅举办的80桌大型宴会，欢迎由朝鲜回国的志愿军代表。

经过这次调查研究，张镈发现了厨房设计中的许多问题，如厨房面积不足、服务员行走路线过长、且高低不平，厨房处于"正压"地位、抽烟设备不足等许多问题。从而，在设计人民大会堂宴会厅时，避免了厨房设计的通病。

体验生活，深入生活，这不仅是文艺创作的根基，也是建筑师从事建筑创作的根基。而且，对建筑师来说，这一创作准则比起文艺家更为重要。一部电影、一本小说，人们不喜欢，可以不看。而一座建筑，不管你使用起来是否方便，谁也不会弃之不用，对不？

"比利时驸马爷"朱兆雪

朱兆雪先生，严格说来，不是建筑师，而是一位著名的结构工程师。北京人民大会堂的结构设计，就是由朱兆雪和郁彦两位结构工程师主持完成的。因为，同建筑师在设计上一向互相配合达到真善美的地步，所以姑且仅在此文里把他拉入建筑师的行列。朱先生原是北京市建筑设计院的总工程师，解放前在北平开设朱兆雪设计事务所。童年是在孤儿院里度过的，因为聪颖过人，被送到比利时深造。

据传闻，我再强调一下，传说，他在比利时读书时，该国国王出了一道数学题，并声言，谁能解开这道题，就将女儿嫁给谁。这道数学难题，谁也没料到，竟被一名出身孤儿院的中国留学生朱兆雪解答完满。而国王召见时，才发现是脸上有麻子的英俊青年。怎么办？世界上不论是外国的国王还是中国的皇帝都要遵守金口玉言，不得出尔反尔的规则。于是，把公主许配给了这位中国人，朱兆雪也就成了比利时的驸马爷。

事实上，只有两点是真实的，朱兆雪先生确实脸上有麻子，他的那位妻子确实是比利时人。上面这个故事，我以为，就是基于这两点演变出来的。当然，朱先生数学非常好，确是这个故事的基础。

周总理启迪，建筑师设计

初唐四杰之一王勃在著名的《滕王阁序》中形容滕王阁的景色时写道："落霞与孤鹜齐飞，秋水共长天一色。"可谁又能料到，过了1300年，这"秋水共长天一色"竟在讨论人民大会堂万人大礼堂天花板设计时，被周恩来总理用来出了个"水天一色"的主意给建筑师。

1958年，为了设计人民大会堂，把全国各地主要建筑设计单位都动员起来，在北京集中了17个省市的老中青建筑师做方案。大体方案确定后，万人大礼堂顶棚天花板的设计却把大伙难倒了。大家费尽心思提出的许多方案，没有一个是令人满意的。于是，在方案评审会上，周总理向在场的建筑师们提出，你们搞一个"水天一色"方案，如何？

会后，建筑大师张镈根据周总理的启迪，把万人大礼堂天花板与侧墙的交接处设计成圆角，连成一个整体，装饰与照明、通风口相结合起来，形成满天星斗，水天一色。现在，人们坐在大礼堂仰望，无不体味到它的广阔，无边无际，仿佛置身于宇宙之中，同时也会觉察到自己是渺小的。

领导出点子，但又不强加于人，只是启迪，给建筑师以发挥创造性的可能。这样，即使点子不那么高明，也会比强加于人高明得多。

1958年毛泽东等中央领导审查北京人民大会堂设计方案
左1—彭真，左2—毛泽东，左3—李富春，左4—万里，左5—周恩来

两个老包，两种办法

1959年，当人民大会堂万人礼堂施工进入关键时刻，发生了一大难题。万人礼堂舞台上部的钢桁架跨距达60米，需要起吊到30米的高度。当时，北京市建工局的吊装力量，在全国来说，也是很强的，但也没有适于吊装这种又高又薄又重的构件的大型吊装设备。怎么办？

建筑工程部义不容辞要帮助解决这个难题。请教部里施工方面的苏联专家包尔措夫，他说，非进口大型吊装设备，别无办法。当时，部里机械局有一位总工程师包瑞麟，他没念过大学，是学徒出身，但在制作和吊装钢结构方面确是专家，他建议土法上马，采用木拔杆，两点同时起吊，为防止钢梁扭曲变形采用治骨折打夹板的办法把钢桁架夹起来。经领导研究同意采纳土专家提出的办法试试看。在吊装时，包总坐在钢桁架上亲自摇旗吹哨指挥，终于吊装成功。后来，人们传颂，一位是洋老包，另一位是土老包，土老包胜于洋老包，为国家节省了外汇，也为工程于国庆10周年前夕竣工争取了时间。

因为这项吊装工程十分重大，在吊装时，周恩来总理还亲临现场。

命运多舛的《四川民居》

抗战时期，我国当代建筑学家刘致平先生，跑遍了四川的山山水水，对四川民居做了长期的调查研究，实地测绘、拍照，写出了一部《四川民居》书稿。1954年建筑工程出版社成立后，即被出版社接受出版。到了1957年，已排出第二次校样。在校对过程中，发现书中照片上还残留着抗战时期国民党在墙上涂写的反动标语和国民党党徽，被扣住，不予付印，等待处理。据说，主管此稿的责任编辑在"反右"运动中，还为此事检讨不休，并在1958年被下放劳动。

60年代初，刚刚组建不久的中国工业出版社建筑图书编辑室迎头碰上处理旧稿这件棘手的任务，刘致平的《四川民居》也在其中。从1957年到此时，已经历了两次大的运动(反右派和反右倾)，两度干部下放，办公室三次搬迁，有关编辑下放，不知去向，原稿已遗失，只余下清样。那时，又赶上"阶级斗争，一抓就灵"的风口浪尖上。经过反复研究，觉得还是不能出版。于是，我专门找刘致平先生谈此书不能出版，原稿已散失，只能退清样，并反复讲，若出版，大家都会挨批，何苦呢？放一放，再说吧！刘先生没说什么，只是一个劲儿地嘀嘀笑。并没有追查原稿，直到这时我才不那么紧张，松了口气。这是我与刘先生初识，他给我留下了朴实、厚道的印象。从那以后，不论何时，即使是"文革"期间，我俩见面，总是笑笑相视或是点首致意。

时间又过了近30年，1990年中国建筑工业出版社出版了刘致平先生著《中国居住建筑——城市、住宅、园林(附：四川住宅建筑)》一书，把《四川民居》一稿编入在内。这本书是由王其明教授帮助编辑整理加工的，应当感谢她。因为，这本书的出版，挽救了刘先生的《四川民居》，得以留传后世，也了却我的一桩心事，多少也减轻了当年未能出版该书而长期感到的内疚。

一张底片　两张照片

建筑师Z先生前些年给过我一张40年前他向中央领导同志汇报工作时的照片，上面有领导同志、Z先生，还有其他人。去年，一次偶然的机会，我又看到同那张照片一样的照片，只不过旁边多了一个人。仔细看了看，才认定那位被剪裁掉的竟是另一位建筑师K先生。

过了些日子，我的一位朋友要去K先生家里谈工作，他把这张有K先生的照片拿给K先生本人去认定。K先生看了看说："站在旁边的自然是我，但我从来没见过，真的不知道还有这么一张照片。我一直以为，当时没照上我，有他无我。"哈哈大笑起来，并没有流露出任何不满的情绪。

人，活在这个世界上就是要这样豁达大度，不要去斤斤计较，即使是对与人们无限怀念的那位中央领导同志的合影中，自己被别人（至于那别人是谁？我无法断定，千万不要认定，是Z先生给裁掉的。因为没有根据。）裁去几十年这件事，也能够哈哈大笑几声，我以为，这更能赢得人们对这位K先生的尊敬。

楼房无梯

前些年，在一次全国大学生设计竞赛评比会上，有一位同学在一座二层楼房的图纸上没有设计楼梯，引起了评委们的争论。这一份图纸本来可进入第三轮，并极有可能获一等奖，因为在头两轮评比中，大家都认为立面、造型和平面安排等等都突出地到位。幸而在第三轮投票前，有一位教授又仔细审核图纸，发现这个方案上的二层楼竟未设计楼梯。有的评委认为，这是白玉上的瑕疵，评不上实在可惜。另一些评委则认为，这是不可原谅的错误。经过大家讨论，终于一致同意拿下来，不再参加评比。

与此相类似的是，50年代后期设计的北京中国美术馆没有公共厕所。注意，这里说的是公共厕所，而不是贵宾室里的专用厕所。不知去过美术馆的参观者注意到没有，在馆内院子里另建有厕所。直到今天，朋友们还在分析，这是为什么。有人说，是建筑师忘记了设计厕所。也有人说，是不是建筑师另有考虑，在楼房内故意不设厕所，而把厕所摆在院子里的一个角落，后来未建。还有人认为，这些说法都不对，建筑师是惟恐厕所玷污了神圣的艺术殿堂……总之，莫衷一是。

北京中国美术馆　　　　　　　　　　　　　张振光　摄

蒋介石与台北国父纪念馆

台北国父纪念馆(即孙中山纪念馆)是台湾著名建筑师王大闳先生(1918~　)设计的。王大闳何许人也?乃民国年间外交家王宠惠之子。王宠惠担任过国民政府外交部长,与蒋介石是莫逆之交。而且,王大闳又是留学国外学建筑学的,在台湾执业开建筑设计事务所,是一位赫赫有名的建筑师。在台北市建国父纪念馆,设计重任当然落在王大闳的双肩上。

王先生费了好多心血,精心设计了具现代建筑风格的方案,呈给蒋介石。未料,老蒋看了看,什么都没说。王先生当然会意,老蒋对此方案不满意。于是,过了些日子,又提另案,亦具现代建筑意味。老蒋看了看,又是什么没说。这时,王先生可能表现出无可奈何的模样,老蒋从桌子上拣起一张北京明清故宫的照片,扔到王大闳面前,还是什么也没说。聪明的王大闳直到此刻才恍然大悟,原来老蒋要的是中国传统建筑大屋顶。

又经过一些时日的反复推敲,王大闳先生并未遵旨照搬大屋顶,而是在大屋顶的前檐主入口上部开了个大口子,向两侧翻开去。对此方案,老蒋点头称是。于是,按此方案,在台北市建成了今日之国父纪念馆,并成为台北市的标志性建筑。这栋建筑的设计充分显示出王大闳先生的才华和造诣。

(上述乃建筑界流传的轶事,并未与王大闳先生核实。)

台北国父纪念馆

林乐义争稿费

　　林乐义是我国当代著名建筑师,曾在美国佐治亚理工学院执教,在新中国成立的第二年即从美国绕道英国回到北京,献身于新中国的建筑事业。曾任建工部北京工业设计院总建筑师。抗战时期,在桂林就已是赫赫有名的建筑师。解放后,在国内外都设计过不少建筑物,特别是北京电报大楼,北京国际饭店以及首都剧场在我国当代建筑史上都占有重要的地位。

　　此外,60年代和1974～1976年间,由他主持编写的《建筑设计资料集》第1、2、3集,我以为可以说,较之他的设计作品,更具不可泯灭的重要意义。在过去的30年里,我国建筑师,无一例外,都把这套工具书作为每天都离不开的案头卷。

　　70年代末,当第三集出版后,林总对出版印刷质量十分满意。那时,我们在一座楼里办公,他到我办公室来过很多次。而每一次谈话中,他都说,大家耗了那么多精力,搞了那么多年,才给那么一点点稿费。当时,我也很清楚,他不是为自己,而是为参加编写工作的上百名作者争取多给些稿酬。说老实话,这套书出版社没少赚钱。可那时是计划经济,出版社赔赚也无所谓,反正是事业费拨款,盈利再多,也要上缴。而稿酬,又有硬性规定,不得超出。尽管林总费尽了口舌也没能争取到更多稿酬。

　　说真话,那时的稿酬同今天(1999年5月)的稿酬标准基本上一致,而今天的工资加奖金比那时,一般地说,超出不知多少倍。若是今天,那林总可真不知道会气成什么样子。如果若想出版不赚钱的书,有时还要自己掏腰包,或者包销多少册,那更是林总生前所无法想象的天方夜谭。

桂林彩叠山入口处马相伯石刻造像,1940年林乐义绘于桂林

梁思成说，不知道

1962年深秋，看到梁思成先生在《人民日报》上发表的几篇"拙匠随笔"[1]之后，萌发了出版梁先生著作的念头，并同他约定面谈。按约定时间——下午3时，我和时任建筑图书编辑的周谊到了梁先生家里。记得，那天是梁先生一个人在家。在他那间不到20平方米的客厅里，唯一引起我注意的是梁启超的一幅墨宝，横幅不大，字也不大，大概是只有5寸见方的行书，两个字。至于是哪两个字，因年代久远已记不清了。遗憾的是，当天谈话的记录和本子上记下的那两个字，在"文革"中被毁掉了。那时，听说红卫兵要抄我的家，我赶紧把"文革"前的笔记本统统给烧掉了，甚至连纸灰也没敢从垃圾道扔下去，而是扔在马桶里冲走了。

出版梁思成著作的打算，只谈了不到10分钟，就都落空了。梁先生说，"随笔"只有那么几篇，出书不够份量，而出版梁思成文集事，他说已经与中华书局订了约稿合同，不能违约呀！他还找出合同书，给我们看。

梁先生非常健谈，不厌其烦地与我们谈了些色彩、服饰等方面的事情，一直到傍晚6时，我们才告辞。

直到80年代，我才从吴良镛先生写的《"拙匠随笔"的随笔》一文中知道，梁先生当时列了一张单子，计划先写10篇，每篇一个主题。"可惜像这样的学术小品后来也和《燕山夜话》的下场一样，中途停顿，窒息了。"为什么停顿？为什么窒息？一句话，当时已经提出了"阶级斗争，一抓就灵！"。

那时，报刊上连篇累牍地发表文章批判苏联修正主义，而且谈及苏修表现在各个方面。我贸然请教梁先生，苏联修正主义在建筑方面有哪些表现？梁先生稍加思索，语气非常肯定地回答说："这个问题，我还没研究，不知道！"

那时，我还挺得意，以为提出了一个连梁思成都回答不上来的问题。今天想想，觉得可笑，那时我虽已到了而立之年，也还十分幼稚。

后来，我反复地思索，梁先生为什么这样回答。也许是出于学者实事求是的治学态度，没研究的问题，就不能胡说，只能说不知道。也许是梁先生本来就认为这个问题纯属无稽之谈，无需回答。若回答，说不准，还会引出一些什么麻烦。

---

[1]梁思成著《拙匠随笔》共6篇，已收入"建筑文库"中《拙匠随笔》一书。该文库共10本书，1996年由中国建筑工业出版社出版套装。

梁思成第二次结婚以后……

梁思成原配夫人林徽因，病逝于1955年。一直到1962年，梁思成才同林洙结婚。关于林洙与梁思成的婚姻，她在《建筑师梁思成》一书里，已详有记述，别人不应再说什么。

但是，那个年代，人们（包括梁思成的一些老朋友）似对这事都持不同见解。当然，主要是不外乎都60多岁的人了，还再找什么老伴儿等等，等等。后来，事实证明，梁先生与林洙结婚是他晚年个人生活上唯一正确的选择。否则，恐怕不要等到1971年，1966年就会被"文革"折腾死了。幸亏有林洙的照顾，才活到71岁。

这里，首次向大家披露一件事实：梁思成与林洙结婚还惊动了时任北京市委第一书记、市长彭真同志。在他们结婚后不久，北京市政府召开一次研究城市建设问题的会议，梁先生应邀参加。会后，副市长吴晗拉着梁先生说："思成，坐我的车，到我家来坐坐。"到了吴晗家里，吴晗说："前些时候，彭真同志问我，你们为什么反对梁思成结婚，他的生活需要有人照顾嘛！"梁先生向吴晗介绍了林洙的情况，详谈了他们的结婚经过并说他与林洙相识已有14年之久了。吴晗同志一边听着，一边点头。临告别时，吴晗又说，彭真同志让我转告你，他说："你告诉梁思成，'我支持他们的婚姻！'"梁先生回家后，非常高兴地对林洙说："现在，我们的婚姻得到了市委第一书记的支持。"

社会上对他们的婚姻议论纷纷，刚刚才平息。梁先生唯恐把彭真的话传出去，又会引起一些议论。所以，除了林洙之外，任何人都没告诉。

此外，关于他们的婚姻，还有两件趣事，也值得一记。

一是刘敦桢先生得知梁思成与林洙结婚，寄给梁先生一封信，只写了四个字，既没有抬头，也没有落款，那四个字是："多此一举"。刘先生是一位不苟言笑、非常严肃的学者，谁也不能料到，他竟来了一个意味深长的幽默，弄得梁先生啼笑皆非。这是我30多年前听来的。直到今天，我也无法确认这是事实。我曾问过林洙，你知道这事吗？她说，没见过这四个字，也不知道有此事。我依然怀疑，是哪一位才子编出来的。

再一件趣事是，婚后梁先生有一天到中国建筑学会开会。那时，这种会大都在上午八点半开。到钟点，大家都到齐了，唯独梁先生没来。他是副理事长，又是鼎鼎大名的学者，大家只好等待。等了一些时候，梁先生才来到会议室。这时，有一位领导同志破天荒开了一句玩笑："君王从此不早朝，啦！"轰堂大笑，梁先生也不知所措，只好一言不发，笑嘻嘻地坐下来开会。

梁思成与林洙

杨廷宝与国际建协(一)

国际建协即将在北京召开第20届世界建筑师大会,这不由得使我想起我国著名建筑师杨廷宝于1957年和1961年两次当选国际建协副主席,为国际建协所做出的贡献。

诚然,杨老当选为国际建协副主席主要是有刚刚建立不久的社会主义祖国作后盾。没有国家在国际上的地位,无疑也不会有个人在国际上的地位。

当然在国际活动中个人的能力魅力威信也起着举足轻重的作用。杨老在国际建协许多次会议上表现出来的豁达沉稳的风度以及实事求是地处理问题的才能,得到了众人的推崇。50年代初,在莫斯科的一次国际建协执委会上,由于会议主席违反议事程序,通过了一项宣言,引起部分执委不满,从而引起争论,会议无法结束。这时,会议主席也无可奈何,只好听之任之。杨老审时度势,操着一口流利的英语提出,如果死死缠住会议程序而争论不休,于事无补,建议成立专门小组仔细研究该宣言的内容。如果宣言内容是大家都能够接受的,那么程序问题自然就是次要的了。争论双方都满意地接受了这个建议。于是,经过对宣言的认真审议,各方代表均无疑义,也就不再争论程序问题,会议圆满结束,维护了国际建协的团结。类似的事例,当然不只这一起。

在1957年的选举中,开始时各个社会主义国家都赞成提名波兰的一位著名建筑师为国际建协副主席候选人。临时,又有人提议把杨廷宝也列入候选人名单。经差额选举,杨廷宝当选副主席,那位波兰建筑师落选。此后,在1961年的选举中,杨老再一次当选并连任副主席。

几十年来,中国建筑师对国际建协多项活动的支持和贡献,有目共睹。这次大会在北京召开,也是世界各国建筑师众望所归。我们不仅希望能够通过这次大会展示我国建筑师的成就,同时我们也会虚心听取善意的批评和诚恳的建议,以期在下个世纪某个年份再在我国召开另一次国际建筑师大会时,我们会听到来自世界各国各地的建筑师一口同声地赞叹:"哇!中国现代建筑,如同中国古代建筑一样,在世界上独树一帜!"

1961年杨廷宝再度当选国际建协副主席时与国际建协各位领导人合影。右3为杨廷宝

杨廷宝与国际建协(二)

　　我在前一篇文章里提及50年代杨廷宝在国际建协会议上所表现出的沉稳的风度以及处理问题的实事求是的能力,从而,博得国际建协多位代表的赞扬。现在,又想起一事,告诉大家。

　　大约是在1954年,国际建协在波兰首都华沙召开了一次建筑师与市长会议,讨论在二战中被德国法西斯破坏的城市的恢复重建问题。华沙是被德国法西斯破坏最严重的城市,几乎夷为平地。战后到1954年,又成为欧洲重建城市中最好的典型。所以,会议选在华沙召开。

　　会议临结束那天,讨论通过一项宣言。宣言中有一句"谴责德国破坏暴行"的字样。就这么一句话引起会上激烈争论。当时的东德代表和西德代表都坚决反对写进这句话,认为打击面太宽,而其他国家的代表则认为,连这句话,你们德国人都反对,那是德国人的狭隘民族主义。其实,主要原因是由于文字上的缺陷,产生误会所致。杨廷宝觉得双方都有一定的道理,这样无休止地争论下去,会议就很难圆满结束。在这重要时刻,杨廷宝提议道,在二次世界大战中,德国人民同样是法西斯战争的受害者,因此应受谴责的是德国法西斯,把词句改一改,大家认为如何?争论双方都认为这样改动可以接受,起草人也表示满意。全场鼓掌通过宣言,会议圆满结束。

　　在国际建协若干次会议的关键时刻,中国代表杨廷宝教授都发挥了举足轻重的作用。

杨廷宝时任国际建协副主席

杨廷宝与国际建协（三）

杨廷宝教授沉着稳健，遇事不慌，既能坚持原则又能灵活处理，既能立于不败之地又能广交朋友，在50年代初那种冷战年代复杂的国际斗争条件下，为新中国在国际建协树立了良好的形象。

1955年夏天，国际建协在荷兰海牙召开会议，参加会议的有杨廷宝、汪季琦（时任中国建筑学会秘书长）和贾震（时任建工部城建总局副局长）等人。在那次会议上，我国被接受为会员国。

代表团刚刚下榻在宾馆，翻译就发现宾馆前广场上悬挂着各个参加国的国旗，非但没有我国的五星红旗，还悬挂着青天白日旗。那时，在国际上常有敌对分子制造"两个中国"，这起国旗事件理所当然地引起我国代表重视和气愤，当即有人表示"下午买机票回国"，以示抗议。杨老还是能沉住气，他说，把情况摸透再说。因为尚未开会，我国还不是会员国，直接出面找国际建协不如烦请苏联代表团长莫德维杰夫去交涉为好。结果，弄清楚是由于代表团下榻的宾馆经理无知所致，立即降下青天白日旗，升起五星红旗，并连连道歉。

在此次大会上通过了我国参加执委会的决议，并由当时的中国建筑学会理事长周荣鑫担任执行委员，转年由于周副部长调任浙江大学校长，由杨廷宝接任执行委员。

往往是祸不单行。在闭幕后的文艺晚会上，又出现了青天白日旗。这不是有意制造"两个中国"，又能作何解释？更加令人愤慨，我代表团全体在大厅广众之下，昂首退出会场。后来经与荷兰有关部门交涉才弄清，是由于服务员不了解情况而弄错，而忙得团团转的老板又疏于检查才造成这又一起政治事故，并非有意制造"两个中国"。荷兰有关单位再三道歉。既然是因为荷兰方面服务员无知才造成的，为了友谊与争取国际友人的理解，只在适当的时候提出了严肃的批评意见并未深究责任。

这两起国旗事件的处理既掌握了原则又实事求是，博得了国际友人的好评，又受到我驻荷大使馆的称赞。

"黑风格"？"红风格"？

50年代中期，在反浪费运动中，批判了"大屋顶"建筑，梁思成也被当作提倡"大屋顶"的代表人物批判了。此后，在国庆十周年首都十大建筑中又出现了一些"大屋顶"，非但未遭批判，还受到上上下下的赞扬。从而，弄得建筑师们无所适从，下笔踌躇。

在这种情况下，建筑工程部和中国建筑学会，于1959年6月在上海召开了"住宅标准及建筑艺术座谈会。"建筑工程部部长刘秀峰自始至终出席座谈会，同来自全国各地的专家、教授共同讨论中国建筑艺术走向问题。

座谈会结束时，刘秀峰发表了长篇讲话。会后，由建工部研究室主任王唐文动笔整理成《创造中国的社会主义的建筑新风格》一文。该文经胡乔木同志审阅后，才正式公开发表。

1964年在"四清"运动中，因为刘秀峰挨整，这篇文章虽未遭批判，但也无人再提及，因人废言嘛！"文革"开始不久，这篇文章即被诬为"黑风格"，被建筑界的一些人士批的一无是处。直到"文革"结束后，才由《建筑师》杂志重新发表，供大家参考研究，此后，这20多年来，对这篇文章的讨论，从未中断。尽管大家的看法不同，但再也没人诬它是"黑风格"。

应该说，刘秀峰的"新风格"一文，在我国，是由主管部门主要领导人力图用马列主义、毛泽东思想的基本观点来阐述建筑艺术问题的唯一的一篇论文。因此，它是一篇"红风格"，不是"黑风格"。至于，马列主义、毛泽东思想运用得是否正确，是否有牵强附会之处，那是另外一个问题，也可以说，是学术问题。我说，它是"红风格"并不意味着今天来看，文章里面没有原则性的错误观点。

40多年过去了，我再也没读到建筑部门领导干部用马列主义观点来阐述建筑艺术问题的指导性论文。企盼着！

建工部部长与建筑学会领导人，摄于60年代初
坐者右—刘秀峰、中—杨廷宝、左—梁思成；立者左1—刘云鹤、左2—杨春茂、左3—王唐文、右1—戴念慈

两句话救了两位教授

建筑大师张开济老先生不只一次地对我讲,童寯不仅设计好,学问大,道德文章也好。在老一代建筑师当中,我最敬佩的是童老。张老的这段话道出了许多人的心声。

东南大学建筑系老教授刘光华先生,80年代到北京来做学术报告时,曾对我说过,"文革"当中,他在南京工学院建筑系教授中是被批斗最凶的一个。有一天批斗会结束后,他上厕所,童老也跟进来,看看左右无人,小声告诉他,可千万要顶住呀!刘教授深怀感激之情,慢条斯理地又说,我永远也不会忘记当时童老的神情和这句话,是童老救了我。

东南大学建筑系教授郭湖生先生在"文革"中也是批斗的重点对象,甚至被关进了"牛棚"。在批斗郭先生的会上,童老曾仗义执言:"湖生是好同志!"话虽不多,只有六个字,在那种斗得死去活来的情况下,这句话在师生中产生多么大的影响,对郭先生不只是救生圈,而且给了他多么大的抗争的力量,可想而知。直到今天,30多年过去了,每每提到这句话,郭先生仍止不住盈眶的热泪。

危难见真情!要知道,"文革"当中,只要被造反派大字报点名,就算作"被揪出来的"。谁也不敢理睬,最多是投以同情的目光,越是好朋友,越不敢说什么,怕受牵连嘛!我写这些,不是秋后算账,而是反衬童寯老先生的人品。

"文革"中,我所在的单位有一位老革命,有一天上午被揪出来,罪名是反江青。在当天下午的批斗会上,她低头站在地中间,脸上煞白,这是我从门缝中看到的。下班后,我在自行车棚里见到她,本想说几句安慰开导的话,因为旁边有别人,我们只相互看了一眼,我什么也没敢说,心想等机会再说吧。可谁又能想到,这种机会永远也不会有了,第二天拂晓,她就服毒自杀了。30多年过去了,我每每想起这件事,心底依然悲怆无限。

1927年于美国宾夕法尼亚大学,右—陈植,中—过元熙,左—童寯

除非地球不转

近年来，许多大学都创办建筑系，因为改革开放以来，无论是数量上还是质量上，建筑师都满足不了建设规模的需求。然而，许多人并不知道，３０年前，当年工宣队进驻大学以后，还提出过把建筑系与土木系合并的议案。真是３０年河东，３０年河西。

当年，今东南大学的工宣队曾正式提出土木、建筑两系合并的议案，征求各方面的意见。除了少数人表示赞同外，大多数人不敢表态，就不公开表态，但心底是明白的。建筑系与土木系合并，无异于关公战秦琼，指鹿为马。当工宣队征求童寯教授的意见时，童先生斩钉截铁地说："除非地球不转，否则，就不能合并。"后来，"四人帮"垮台了，工宣队撤离被占领的教育阵地，这个议案也就没有人敢再提了。

童寯先生就是这样一位刚正不阿的学者，敢于说真话的学者，从不隐瞒自己的观点。前些日子，听几位英语专家说，你们建筑界许多人的英文水平看来还达不到英文书籍的出版水平。这个评价，使我想起，７０年代末评定教授职称的会上童寯说过，尽管上级规定当教授必要条件之一是精通一门外语，我看咱们南京工学院建筑系没有一个人能达到精通的水平。童先生的这句话会开罪一大片，这，他并不是不知道，但他非说不可，因为这是实话。童寯先生从来不蓄意吹捧，这可是不容易做到的呀！

"文革"中的童寯

一位诚实的建筑学家——刘致平

1965年,各个单位都组织干部整天学习《毛泽东选集》,建筑学家刘致平先生在学习上从不落后。这一次他也不甘落后,认认真真地读毛著。他看书有一种习惯,除了圈圈点点之外,还在书的眉头上或切口的空白处记下自己的心得。

红卫兵们除了抄来他的笔记本之外,还把他读过的毛著抄来审阅他的眉批。确实,没有白费功夫,查出了他的"反动眉批"。在"敌人不会放下屠刀立地成佛"这句话的上边,刘先生写下了:"我以为,是可以立地成佛的。"字样。

这下子,终于抓住了刘先生"反对毛主席"的根据。在批斗刘先生的会上,屋子里挤满了人,谁知道有几个人是认真的,看热闹的确也不少,反正没事可做。刘致平站在会场中间,四周都是人。人们呼喊了一阵"打倒刘致平!","刘致平不投降,就死路一条!","谁反对毛主席,就打倒谁!"等口号之后,会场静下来,主持会的红卫兵声嘶力竭地让刘先生老实交待。这时,刘先生已经站了半个多钟头,夏天,人又多,屋子里很热,他已是满头大汗,他说:"你们容我想想,好不好?","那你就想吧!给你五分钟!"想的时间过去了,刘先生站在地中间,汗水已滴在地上,肯定地、大声地只说了一句:

"我还是以为放下屠刀能够立地成佛,我是对的!"

这句话,又激起了一阵子口号,刘先生岿然不动,一言不发。不管谁怎么批他,怎么斗他,说些什么顽固到底,死路一条之类的咒语,他都低着头(要知道,那时被批斗的人是不许抬头的),还是一言不发。就这样,"整"了他三个小时,毫无战果,只能散会,吃饭去。

会后,有人还说,刘致平顽固不化,花岗岩脑袋。说实在的,今天想一想,我倒以为:

"刘致平先生是一位诚实的学者!"

在那个谎言满天飞,愚蠢行为天天见的年代,大家也并不都是心底都胡涂到连那种早请示,晚汇报的仪式,面向镜子跳忠字舞,都心悦诚服地去表现自己的愚忠,但哪有人敢于说三道四,哪有人敢于明目张胆地抵制。

唯有刘致平敢于说这句真心话。至于是否能立地成佛,我们这里不去讨论它。

60年代初,于刘致平在清华住宅门前,左2为刘致平

刘致平的笔记本

1969年初冬,我有机会翻阅建筑学家刘致平先生的笔记本。那些本子都是"文革"初期,红卫兵从他家里抄来的。我早就知道,刘先生平生好学,整天手不释卷,虽说他是著名的古建筑专家,而且在中国营造学社,除了梁思成、刘敦桢,就他是研究员。解放后,他读过不少马列著作,如《反杜林论》、《自然辩证法》等,还作了不少笔记。所以,我才仔细地翻阅他的笔记。未料,翻了好一阵子,连一段完整的意思都没弄懂。这不仅仅是因为他字迹潦草,而写的顺序也毫无章法,有的从左向右横写,有的从上向下竖写,另一面又是倒转过来写,还有斜着写的,厚厚的一个笔记本,前后左右布满了大大小小的字,中间还有些空白页,真真是莫明其"糊涂"。过了两天,我有事找他,顺便问他,为什么这样写笔记? 他如同往常,用右手半捂着嘴,莞尔一笑,告诉我,你不知道,有时下班我忘记把笔记本锁在抽屉里,就摆在桌子上,我是怕有的小青年偷着看,怕他们偷我的学问。当时,我也笑笑,没说什么。心里想,这位老先生可真够古怪的。

过了20来年之后,我不止一次地听说,学界真的有人贪他人之功,有人(不是刘先生说的小青年)把自己研究生的成果掠为己有。这时,我才明白刘先生用心之良苦。

再回过头去想想,30年前,他若不这么写,"文革"中,红卫兵们又不知从他的笔记本中发现多少"反动言论"。

刘致平于1981年

哭西直门

60年代末,正是"文革""斗批改"搞得热火朝天的年代,北京明清古城被一股脑儿地拆除,连残存的西直门箭楼也难逃厄运。在拆除西直门箭楼时发现里面埋着元代建造的和义门瓮城城门,引起了人们的关注。但就连这座元代建筑也被疯狂地拆除而后快。

那时,建筑学家刘致平先生(1909～1995)正在挨批斗,每天下午,他都要挨一阵子批斗,老人被弄得精疲力竭。每天下午批斗结束后,他连家也不回,饭也顾不上吃,径直奔西直门拆城工地去看看。

北京的冬天,寒风凛冽。拆城的工地上,尘土飞扬,风沙打在脸上使人感到像刀割一样难以忍受。刘老的头发被风吹得乱蓬蓬,颇似怒发,满面尘垢。不管冬天多么冷,刘老从不戴帽子。冬天,他穿的总是那么一套蓝色的棉衣棉裤。每天,他这样一位年逾六旬的老学者,眯着眼睛,伫立在土堆上,看着西直门一天比一天矮一大截,直到它的身影在地平线上消失,老人才不再去西直门。那些日子,他伫立在西直门工地上久久地看着、想着,心底里流着泪水,可又能对谁去诉说他的苦楚。梁思成先生说过,拆北京城,就像剥他的皮,抽他的筋一样痛苦。那时的刘老——梁思成的得意门生,心底流淌的是泪水。

此后不久,我曾向他请教,何以见得和义门是元代建造。他告诉我,从砖的尺寸规格和发券的做法等方面看,确是元朝建造的原物。作为一名古建筑学者,能够亲眼目睹即将消失的这座元明清三代建筑,且又有心得,那可能是一种失望痛苦之后的一点点欣慰,一点点满足。但是,他始终没整明白,那些在解放战争炮火中不惜代价保护北京古城的人们,只不过才过了20年怎么就又除"四旧",连古代城门都给拆除了。

北京西直门城楼、箭楼、闸楼及瓮城

刘致平请吃烧鸡

建筑学家刘致平先生做学问有着超乎一般的执着,特别是对古代建筑和与其有关的文物只要过眼,就要追根求末,弄个彻底明白。

1970年冬天,他也被发落到河南修武干校。有一天在地里干活,偶然发现一通墓碑,正面看是明代的,背面是什么无法见到。他急得团团转,也想不出什么办法把石碑翻转过来。他知道,1936年建筑学家刘敦桢先生曾在修武停留两天,调查该地的古建筑,研究过建于明代的修武文庙、胜果寺塔、东大街经幢、汉献帝禅陵等古代建筑。因此,他联想到,修武县的文物可能很多,对地里那通石碑,怎么也放心不下。

过了几天,又到那片地里干活,试着向"五七战友"求援,在地头休息时,背完语录,唱了一阵子语录歌,大家开始起哄,有人说,我们10几个人帮你把石碑翻过来,你得拿出10元钱请客。刘先生听到这话十分高兴,立刻拿出10元交给一个小伙子。

中午收工时,大家呼号着一下子就把石碑翻转过来,然后就都去食堂买饭。只剩下刘先生一个人,从脖子上解下擦汗的毛巾,擦去碑身上的浮土,看了个究竟。

晚上,用刘先生那10元钱到县城里买了两只烧鸡、一瓶白酒,大家一边说笑,一边吃喝。这时,刘先生一个人躺在木板床上,不知想着什么,也许是在回忆用10元钱买来的碑文。"五七战友"们不停地啃烧鸡,喝白酒,并没有人问他,那石碑的背面究竟刻了些什么。现在,那通石碑在哪里,我不知道。那石碑上的碑文,也被刘致平先生带到另一个世界去了。

1972年刘致平在河南修武"五七"干校,此照片摄于河南辉县百泉

刘致平在干校过年

"文革"期间,许多专家、学者在被批斗、关牛棚一两年之后,都被赶到"五七"干校去改造。建筑学家刘致平也不例外。在干校,都是休息大礼拜,即两周休息一天,只有逢年过节才可以连续休息几天。

大概是1971年的春节,趁着多放几天假,多数"五七战士"都从河南修武县回北京探亲度假。按说,刘致平先生也应回京休息几天,同自己唯一的女儿一起过年。可是,这位年逾花甲的老专家却独自一人坐上硬座火车,辗转去了西安和临潼。他没有介绍信,也没钱,只好在火车站的候车室里过夜。这样日夜辛劳,为的是亲眼目睹那里的古建筑。

他步履蹒跚,衣裳褴褛,独自一个人往来三天,啃着干面包,还在思索憧憬着此生能看到始皇墓的内部。

当他从西安回来,每每向"五七战友"讲述目睹兵马俑之后的观感时,大家都默默地听着,既没有人提问,也没有人插话。一些人麻木了,一些人或许是毫无兴趣。

对他来说,这些似乎也是习惯了的。几十年来,他一直是这样在荒郊僻壤考察古代建筑,实地调查测绘。也正因为如此,他才著作等身,写了不少古建调查报告,还有《中国建筑类型及结构》、《中国居住建筑简史——城市、住宅、园林》、《中国伊斯兰教建筑》、《中国建筑设计参考图集》、《云南一颗印》等专著出版。

西安城楼(摄于解放前)

为什么童寯晚年不再作画？

1980年，我到南京童老家里商谈出版《童寯水彩出选》和《童寯素描选》两本画册时，他欣然同意，并执意要与我一起选。从楼上取出珍藏多年的一大叠水彩画，当场一一过目，并逐张征求我的意见。老实讲，我认为，每张都好，无疑都应选入。当童老问我，这张怎样那张怎样时，对每张画，我都说，很好，可以。最后，还是童老自己选定，尽管有些画，纸已发黄，甚至有些还被虫蛀了不少小洞洞，也都被童老选编在内。看完了画之后，我发觉竟然都是解放前画的，而且大部分是20年代画的，没有一张是解放后画的。我随即问童老，您怎么没有解放后画的水彩？他没吭声。这个问题，我一直困扰不解。一直到童老1983年逝世后，有一天同他的助手晏隆余先生谈及此事。他说，童老生前，我听他说过，南京刚刚解放时，童老在街上画水彩写生，曾被执勤的警察制止过，从那以后，他再也没有画过。

我不知道，这是否是童老不再作画的原因。也许是因为年纪大了，自觉创作高峰已过，唯恐留下自己并不满意的画，才不再作画。童老一向对自己出手的作品，不论是设计、作画，还是写文章，都是一丝不苟，修改再修改，直至满意为止。这不仅是做学问，也是做任何事情最基本的态度。

童寯晚年在资料室研读

冲天的火炬

从70年代开始,每逢我路过长沙火车站,看到站房顶上那只冲天的火炬都引起我一段不同寻常的回忆。

当长沙火车站刚刚建成不久,我出差到长沙,邀了设计院的建筑师到火车站一边参观,一边听他讲解。当时,我不能理解贵宾休息室和迎宾大厅为什么设计得那么高大,尤其不能理解的是,为什么那只火炬造型竟是那么死死板板地冲上天空,而不像被风吹得那么活泼,给我的第一印象那是湖南特产——冲天红辣椒。

因为都是搞建筑的,我当时也就不客气地发问,为什么火炬做成这个样子?他说,这实属无奈,因为要避开"西风压倒东风"之嫌,只好表现出无风状态下的火炬,让它向上。这样总可以避免政治错误吧!我又问:"这是哪位先生设计的?"他也很坦直地告诉我:"这个火炬,我参加了设计,但至今我不承认是我的创作。"弄得我十分尴尬,好在他不承认,才使我如释重负。

无独有偶,有一次途经北京一座大饭店,恰巧与我同行的是设计这家饭店的建筑师。我问他:"这高层饭店屋顶上,你为什么建了这么四五座小亭子?"他笑笑说:"这些亭子不是我设计的,是陈希同给安上的。"他又说:"难道你不知道,陈希同喜欢亭子,在建筑师当中,他的绰号'陈喜亭',你不知道?"

如今,我们的建筑规模很大,而精品建筑却为数不多。这固然与建筑师的水平不无关系,但业主们横加干涉,弄得建筑师无所适从,最后只能俯首从命的事例,还时有所闻。我总觉得,建筑师这碗饭不好吃,大不如外科医生。我还从未听说过,有哪个病人,不管他多么有钱有势,敢于指挥外科医生,你这么开刀,你那么缝合。因为不懂,也决不敢瞎指挥医生,拿自己的生命作代价。而建筑物的业主却不同,只要有钱有势,就可以指使建筑师这座顶上加个亭子,那立面上安上一块大玻璃。但愿业主们把你所能支配的投资当作自己的生命来爱惜。若真能做到"爱钱如命",能给人民省下多少铜板啊!

长沙火车站

谁写的序言?

刘敦桢著《苏州古典园林》这部经典之作的日文版序言署名杨廷宝、童寯。在建筑界,无人怀疑那篇序言是他们二位共同撰写的。实际上,恰恰并非如此。事实是那篇序言是由童寯亲笔写的。当把序言文稿交杨廷宝审阅时,他连看都没看,就签上了自己的名字,并说,童老写的东西,不必看了。在发表时,我们把杨廷宝的名字还署在前边,把童寯的名字署在后边。这一切都是为什么?

1980年,日本小学馆出版社要出版日文版《苏州古典园林》。在合作出版谈判中,日方提出最好请曾连任两届国际建协副主席的杨廷宝教授为日本版写一篇序言。我们知道杨老为人随和,一向有求必应,就答应了。过些日子,杨老出差来京,同他谈起这件事。未料,杨老说什么也不肯写这篇序言。他说,我对中国园林的研究远不如童老,应该由童老来写。我回南京后,由我来替你们动员童老动笔。又同日方商谈,日方代表坚持要由杨老署名,因为杨老在国际上有较高的知名度。这时,我们才觉得这件事并不难办的事,反而弄得很难办。若请童老写,杨老署名,实在说不出口,也会很对不住童老;若两人共同署名,谁先谁后,也难办。又一次同杨老谈,杨老可能看出我们的难色。他说,不必担心,这事由我来办。最后,来稿由他们二人签名。我们尊重童老的意见,把杨老的名字排在前边。这难题虽然圆满解决了,唯独亏待了童老。

我做过几十年编辑工作,在署名问题上不知遇到过多少麻烦,有的争先恐后,有的虽也做了些工作却非要列入作者名单,等等等等。可自己写文章却欣然让别人署名在先,又是在国外出版的经典著作序言上的署名更为人们所重视,当仁不让似乎是常理。童老完全不在乎这些。

纵观童寯一生,大家都一致认为,他从不求闻达,视名利如浮云朝露。

我甚至以为,越是有学问的人,越不计名利;只有那些一瓶不满半瓶醋的"专家",才争名于朝,争利于市。

被遗忘的一本书

40年前,在轰轰烈烈"大跃进"的1958年6月,建工部在青岛召开了一次城市规划工作座谈会,同时中国建筑学会也在青岛召开了一次以青岛居住区规划和建筑为题的专题学术讨论会。

为什么同时在青岛召开这么重要的两个会?据我回忆,这会虽不是"奉旨"召开,也有它的来头。当年就听说,毛泽东主席到青岛后,曾说过"青岛规划建设得好"这个意思的话。所以,建工出版社也派编辑参加会议,会后还出了一本书《青岛》,并请梁思成为此书写了一篇序言。不知为什么这篇序言没有收入《梁思成文集》。

梁先生写文章,就是手快。据说,头一天晚上同梁先生谈,请他写一篇序言,第二天早上就写好交给编辑,且字迹清楚,看来是一气呵成的。梁先生在序言里提出了这样一些重要问题:"但是青岛好,好在哪里呢?怎样好法?在好的同时,青岛也当然有不好的地方。那么,什么是不好的呢?怎样不好法呢?这些好的东西,有些是过去看来好的,那么今天是不是全部还是好的呢?有哪些还符合我们的需要?哪些已经不合用了呢?好的东西,即使它是帝国主义、北洋军阀、国民党反动派留下来的,我们应该对它采取什么态度呢?不好的东西,我们又应该怎样去改正或消除它呢?我们应该怎样对待青岛建筑中极为强烈的德意志民族风格和特征呢?这都是一系列值得城市建设工作者深思的问题。"

梁先生在这篇序言里,还提出另一个重要的任务,可惜40年后的今天看,也还没有落到实处。他说:"我们希望这次学术讨论,应该引起各地分会和地方城市建设部门的领导同志的重视,从而对自己所管理的城市也能进行类似的分析、研究。这本书就起一个"抛砖引玉"的作用,希望其他城市也编出类似的册子,以供全国城市建设工作者的互相参考。"

梁思成这个美好的愿望,何时能实现呢?如果能出版这样一套丛书,把各具特色的城市,在城市规划建设上分析个透,该是多么有意义的一件工作啊!

从小学生到大学教授

有些外国人总是带着偏见或无知看中国，说什么中国没有像样的建筑，也没有建筑人才。其实，我们中国建筑界的人才，多着哩！这里，只举一例，就是清华大学建筑系教授莫宗江先生。

莫老今年已是八十有三高龄的老人，前两个月见到他，清癯的面容依然常常露出甜滋滋的微笑，说起话来依然声音细微，走起路来还依然轻快，只不过有些耳背。

莫老家境贫寒，十几岁就辍学，幸而他是广东新会人，可以住在北京宣武门外的新会会馆，又临近北京的文化街琉璃厂。因而可以常去北平图书馆分馆临摹字帖，常去荣宝斋看师傅刻版画，练得一手好字，受到了艺术薰陶。

1931年经梁思成兄弟梁思敬介绍加入中国营造学社当练习生，给梁先生绘制建筑图。经梁先生具体指导再加上本人自修，勤奋读书，刻苦磨炼，并且跟随梁先生，刘敦桢先生等人到各地去测绘古建筑，终于不仅掌握了绘图的本领，还对中国建筑史滚瓜烂熟。以至，梁先生曾说过："老莫的钢笔画，我要让他三分。"

直到1944年，经过13年的艰苦自学，当上了营造学社的副研究员。1946年，随同梁先生开创清华大学营建系，从讲师提升到教授。在清华大学开始教图案和水彩画，50年代又开始讲授中国建筑史。他对颐和园、王建墓和中国城市史，都做过专题研究，有精辟的见解。

他的学生陈志华教授在"北窗杂记"（五十二）中说："他设计出来的作品，真叫精美绝伦。"他还说："莫先生确实有过人的艺术天分……抗战期间给《营造学社汇刊》手绘的插图，给梁先生著作画的图版，以及他更早几年画的应县木塔和大同几座古建筑的渲染图，都说得上是经典的，至今没有人能达到那个水平。"

陈先生在那篇文章里说莫教授："多半辈子在建筑教育的园地里辛勤耕耘，桃李满天下。没有显赫的头衔，没有如云的奖状，终生清贫。"

中国营造学社不仅在中国古建筑的调查研究上作出了前无古人的贡献，而且还把一位小学文化程度的练习生培养成一名教授，功不可没！这种办学术团体的路子，出成果，出人才，值得借鉴，发扬光大。

附记：在写这篇文章时，莫老还健在。万万没料到，在本书付印时莫老于1999年冬病逝北京。

莫宗江先生

莫伯治从小处着手

我国当代岭南建筑主将、建筑大师、中国工程院院士莫伯治先生,做建筑设计,无论是大工程还是小工程,手法的运用都十分成熟自如,都是一丝不苟。诚然,像他与佘畯南先生合作设计的广州白天鹅宾馆那样宏大的工程,没有做小工程经验的积累,也是难以成功的。

70年代后期,他没有假日,平时奔波于广州市内的工地,星期六下班后即去广州附近的小县城指导正在施工的由他设计的小工程,星期日也泡在工地上,直到晚上才回广州。那时,我曾有幸跟随他去过一次小县城的旅游宾馆工地。他对我说,别小看这些工程,我可以从中积累经验,好处是没有行政干扰,任建筑师发挥。他还说,再就是甲方对我无限信任,也不横加干预。我观察到,他对每一块砖石,每一条花间小径石子的铺设都十分精心,蹲在地上与工人一起商量做法。20多年过去了,莫总这种精益求精的建筑师风范,始终令我难以忘怀。我一直认为,假如他没有那些小工程的实践经验的积淀,就不会有近20年为数众多的精品之作。

由此我联想到,莫总是厚积薄发,大器晚成。对于需要掌握多学科知识并应具备生活积累的建筑师这个行当说来,少年得志成功者少,一般说,是不无道理的。

但愿青年建筑师们不要急于成就自己,大学刚毕业就没耐心趴在图板上画施工图,总想着出方案,一鸣惊人。要踏踏实实地在砖头瓦块中磨炼自己,在书籍的海洋里充实自己。

华揽洪捡破烂儿

现在,60岁以下的建筑师恐怕很少有人知道,我国原来还有一位非常有才华的建筑师——华揽洪先生。1957年以前他曾任北京市建筑设计院总建筑师,从1957年被错划成"右派"以后,就没让他再做设计,留在设计院里做些情报资料工作。据传闻,华揽洪先生曾是法国共产党党员,因为回到中国,才失去了党籍。有趣的是,法国的左派,回到中国,就变成了右派。他70年代去法国定居,但直到今天仍然关切着国内建筑界的事情。

他父亲华南圭是一位著名工程师,母亲是法国人,他在法国读大学建筑系,毕业后在法国当建筑师,做了不少设计,有的建筑相当出色,是典型的现代建筑。回国后,解放初期,由他主持设计的北京儿童医院,在中国当代建筑史上占据着不可或缺的重要一页。

他爱人也是法国人,因而在"文革"刚刚结束后,在无可奈何的情况下才去法国定居,年纪大了,在法国找不到工作,度日如年,生活相当艰难。

80年代初,北京市建筑设计院邀请他回来走走看看。我有机会再次同他相聚,建工出版社老社长杨俊同志请他在颐和园吃饭。席间问起他在法国的生活情况,他说:

"我刚到巴黎时,朋友送我一台冰箱,用了一段时间坏了,请修理工来家修理。人家说,你这台冰箱修理费比买一台新的还要贵。别修了,干脆买一台新的吧!可我哪能买得起呀!"他又说:

"有一天晚上,我们老俩口出去散步,发现垃圾箱旁边摆着一个转椅,看看只有小毛病,还新着呢,待夜深人静了,我俩悄悄抬回家,我稍加修理,还挺好用的。这几年,我一直坐那个捡来的转椅看书。"(转下页)

《苏州古典园林》起死回生记

我国著名建筑学家刘敦桢先生《苏州古典园林》这部经典著作的文字稿、图稿和照片，在东南大学建筑系诸多教授的精心保护下，在"文革"中未致散失，终于在1978年由中国建筑工业出版社精印出版，给世界留下了一份珍贵的财富。

该书曾获首届全国优秀科技图书头等奖。就其版本来说，由于有许多黑白照片，需要印出层次，采取了当时在北京新华印刷厂保存下来的凹印工艺。

全书用纸精良，豪华精装，更令读者高兴的是这部480页的八开本大型画册，当时只售30元。时至今日，已无法再版，毫无疑义，当为珍本。说起此书的出版，还有一段过程曲折的小故事。

苏州古典园林的调查测绘工作开始于1953年。在刘先生组织指导下，先后参与的专家、教授和学生不下几十人，历时20年，直至1973年才由潘谷西、刘先觉、乐卫忠、郭湖生、叶菊华、刘叙杰等教授整理成此书稿。这20年间，刘先生本人撰写、修改、补充达三次之多。

1975年，齐康教授来京出差，同我谈及此书出版一事。当时，"四人帮"虽然在垂死挣扎，我们出版社还是遵照周恩来总理在1971年召开的全国出版工作座谈会上的多次指示，决定接受出版，并筹划当年12月在苏州召开一次审稿会，请有关专家出席，商讨还需要做些什么工作。

恰在开会的头一天，人民日报发表了"四人帮"炮制的教育革命的社论，给会议当头一棒，以致有的与会者竟被打昏了，不愿再参与此事，免得刚刚被解放，又要遭批斗。会议期间，还有人奉命天天向上海市有关领导汇报会议情况。有的同志出于好心，劝我们休会，观察一下形势再说。会上出现了两种截然相反的意见，多数赞成继续审稿，争取出书，少数则表示同意休会，是否出版待议。

怎么办？那次审稿会是由出版社召开的，本应由出版社党的核心小组副组长杨俊同志主持。考虑到当时的处境，我作为主管编辑工作的核心小组成员，自告奋勇，由始至终由我一人主持会议。这样做，无非是想保护杨俊，万一发生问题，由我一人承担，即使打倒我，也有人替我说话，暗中设法保护，以免出版社领导成员全军覆没。当时，我曾对吴小亚、王伯扬说，千秋功罪，在此一举。

最后，经大家讨论，特别是得到杨廷宝先生的支持，决定书还是要出，不过，要请潘谷西先生牵头写一篇对此书加以批判的前言再正式出版，或内部发行，或公开发行，再议。这就是人们常说的，明修栈道，暗渡陈仓。

到了1976年10月，"四人帮"彻底垮台，批判性的前言，当然也就没必要再写了。

1978年该书出版后，受到国内外重视。中国国际图书发行公司虽有订货，数量不多，以致不久即不得不改为只能用"外汇券"购书。80年代初，台湾一家出版商还发行了盗版本，幸好留下了刘敦桢的署名，其他人，对不起，统统去掉姓名。日本和美国的出版商也都看中此书，经过译者努力，80年代先后出版了日文版和英文版，在世界范围内流传。

（接上页）

他自己生活艰难，可国内去巴黎的朋友，只要求助于他，总是有求必应，热情接待。有一年，杨俊同志去法国，他非但陪同参观，还请吃饭。他也非常诚恳地告诉杨俊，我现在生活并不宽裕，只好委曲你与我一同乘地铁，吃面条，出租车坐不起，法国大菜也太贵，请你原谅！

据说，华揽洪先生现在巴黎生活还过得去，有子女接济，子女都在从事中法经济交流工作。由此，我们多少也感到一些欣慰。

1975年12月在苏州召开的《苏州古典园林》审稿会有关人员合影
前排左起刘先觉、刘祥祯、陈明达、陈从周、×××、杨俊、郭湖生、刘叙杰、吴小亚。
后排左3-喻维国、左5-乐卫忠、左7-潘谷西、左8-黄晓鸾、右5-王伯扬、右4-杨永生

陈从周心虚

陈从周是同济大学教授，我国著名的古建筑、古典园林专家。20年前，因为他在建筑界几位著名的陈姓老专家中，年龄最小，生于1918年，人们还戏称他陈幺公。

"文革"中，他也被整得够呛，从"牛棚"里放了出来后，由"四人帮"控制的同济大学"五七公社"还不让他登台授课，给他的任务是管文具分发并代各位出差外地的老师去粮店兑换全国粮票。陈教授一向为人随和，跟谁都谈得来，不时地还开些小玩笑，很幽默，颇能讨得别人欢心。他经常跟粮店的店员们打交道，日子久了，跟店员混得很熟。店员们知道他的兰竹画和书法都很出名，就向他索取。他画了好多张兰竹，还写了几张条幅，送给那些店员。这样，陈教授与粮店的职工打成一片，交上了朋友。那几年，他整天跑粮店，发文具，倒也清闲。

恰在1975年冬，我们建工出版社要在苏州召开一次审稿会，审定由刘敦桢教授主编的《苏州古典园林》一书。我们邀请了杨廷宝、陈明达、潘谷西等人参加，也邀请陈从周教授与会。那一次，是陈教授在"文革"期间第一次出山。看得出，他十分兴奋，但我们也觉察到他顾虑重重，一反常态，发言十分谨慎，很严肃。参加会议的同济大学教授喻维国告诉我，同济来了3个人，那位坐在边上的是"五七公社"派来监督陈从周的工宣队员，陈先生不敢说话，可以理解。就在当时，这也出乎我的意料，我真想把他驱逐出场。好在那位工宣队员始终一言不发，给我的印象是很老实。至于他向"五七公社"汇报了什么，我就无从知晓了。也许，他始终板着面孔，一言不发，是经过专门训导过的。

只有参观苏州古典园林时，陈先生的兴趣才提起来，还不时地说些笑话、典故。有一天，在看苏州一座古刹里的彩塑仕女时，讲解员说，这是宋代的泥塑。我有些怀疑，又不懂，就请教陈先生，他说："我也说不清是哪个朝代的。"我说："你怎么这么虚心？"他连连摇头说："不是虚心，是心虚呀！"说完，他眯着眼睛，笑嘻嘻地向后边瞟了一眼那位工宣队员。

陈从周教授把虚心两个字这么前后一颠倒，就倒出了这句意味深长的话。由此也不难察觉到，他是多么机敏、幽默，具有多么深厚的语言修养。从那以后，不管人们背后说他什么，我更加喜欢他，敬重他。

陈从周赠杨永生条幅

瞒天过海

　　为了办成一件好事,在特殊的条件下,人们往往能够想出一些特殊的办法来对付。
　　1971年11月,在周恩来总理召开全国出版座谈会之后,国家建委军管会同意重新组建中国建筑工业出版社。当时,可真是白手起家,一无资金,二无人员,只好依附在建筑科学研究院,分得几间办公室,要些桌椅书柜。唯一缺少出书流动资金,怎么办?
　　到了1973年,我们获悉,"文革"前已经印完的《建筑设计资料集》第二集散页尚存放在印刷厂,工人们常常当废纸使用。而设计人员又急需这样的书。"文革"尚未结束,革命大批判天天搞,设计革命又在深入,若想把这书装订起来,公开发行,不可能办到,而且肯定会挨批判。无奈,找到时为建研院领导袁镜身同志。我们商量了一个瞒天过海的办法,写一篇批判性的出版者说明,改为内部发行,并由袁镜身亲自找分管科研设计工作的国家建委副主任宋养初审批。出版者说明是:"本书系无产阶级文化大革命前编印,在内容上有'大、洋、全'和高标准等方面的问题,但许多资料仍有一定的参考价值,故改为内部发行,供有关设计人员结合具体情况批判地使用。"这么不到一百个字的小说明,与袁院长费了好大功夫推敲才送宋副主任审批。经袁镜身请示宋养初同意后即开始装订并由出版社自己向全国发行。很快就发完,赚了一大笔钱作流动资金。
　　在"四人帮"横行的年月,取得这样社会效益和经济效益双丰收,的确不易,还多少冒着政治上的风险。幸好遇上这两位敢于负责的老领导,而且那时我还觉得,他们都是可以信赖的老革命,不会万一出问题把自己摆脱干净,文过饰非,把责任完全推在我身上。

人们心目中的梁思成

　　1954年冬天,我听到一位主管基建工作的同志说,连地上的公园都没钱搞,还搞什么空中花园?这番话是针对梁思成先生提出的北京城墙不能拆,将来还可以利用城墙上宽阔的地带种植花草树木,成为世界上独一无二的空中花园。紧接着,第二年就开始批判梁思成的资产阶级唯美主义的复古主义思想。就是在批判梁思成的时候,刘少奇同志对他还予以特别的关照。1955年12月15日,当建筑工程部部长刘秀峰向少奇同志汇报工作时,少奇同志嘱咐:"最近不是批判梁思成吗?批判的要适当。建筑上好的东西要保存。你们要搞的适当。"
　　我是从那时才开始知道梁先生是一位建筑学家,而且知道他是梁启超的长子。坦白地说梁先生进入我的世界是一位反面人物,资产阶级知识分子的代表人物。
　　此后,由于工作关系,不仅接触过梁先生,还亲见苏联顾问乃至许多领导同志对梁先生都依然十分尊重。比如,凡是梁先生约见苏联顾问,都是按照梁先生的要求及时会晤,没有任何迟疑。后来,当我读了梁先生的一些文章,他的形象在我心目中来了一个180度的大转弯,逐渐成了我们敬仰的学者。及至60年代初,当我主持一家出版社建筑图书编辑工作时,尽管紧锣密鼓地抓阶级斗争,批判修正主义,我甚至还斗胆想出版梁思成的著作。
　　前些年,在"建筑与文学"研讨会上,一些老作家(如林斤澜)在发言中都不止一次地提及梁先生在研究和保护古代建筑上的远见卓识。
　　半个世纪的实践证明,梁先生的许多意见是正确的。从而,人们更加深了对梁先生的认识和理解,更加尊敬他。人们爱读梁先生的文章,以致这几年形成了一股梁思成热,就是一个例证。梁思成著《拙匠随笔》一再脱销,又是一个例证。(接下页)

邓小平与《梁思成文集》

1981年的一天，我接到国家出版局老邓同志电话，她说，梁思成遗孀林洙给小平同志写了一封信，谈及出版梁思成文集一事。现在信批下来，不知你们出版社对此有何打算？我即回答，我们与清华大学建筑系已经谈过，由我们建工出版社出版梁思成文集，他们正在编。她说，那好，你写个书面汇报吧！于是，我写了一份材料，上报国家出版局转呈邓办。

后来，从1982年开始出版《梁思成文集》第一卷，直到1986年出齐四卷。这四卷精装本梁文集编入了梁先生从30年代初一直到"文革"前写的60余篇关于建筑的论文，调查报告和专著，达120多万字，且《营造法式注释》（上卷）和《清式营造则例》两本专著尚未收入，已另行出版。

那时，这四卷文集精装本，共有1506页，总共书价才26.70元。

解放后，梁先生两次蒙冤挨批，一次是50年代中期批"大屋顶"，他首当其冲，再一次是"文革"，以至1971年被"整"死。

到了80年代，小平同志依然关心梁思成著作的出版。这不仅仅是对梁先生个人著作的关心，而且是对我国建筑文化建设的关注。直到今天，小平同志的关注仍然激励我们去收集、整理和出版我国老一代建筑学家的著作。

梁思成与国际友人，摄于1960年前后

（接上页）
现在，我们大学里建筑学硕士生、博士生不下几百人，竟无一人以"梁思成"为题做硕士论文、博士论文，令人叹惋！

我还知道，10年前邓千同志写过电视剧脚本《梁思成》，至今由于缺乏拍摄资金而束之高阁，岂不也令人叹惋！

为谁着想?

不久前,建工出版社的老社长杨俊,已是仗朝之年,还清楚地记得,20多年前著名建筑师杨廷宝对出版《杨廷宝水彩画选》和《杨廷宝素描选》两本画册提出的要求。

当年,在我们向杨老提出要出版他的画选,并请他自选的要求后,杨老慢条斯理地说:按我的意思,这两本画册都不必出,纸张那么缺乏,别浪费纸张了。如果你们一定要出版,我也管不着,让齐康他们和你们一起去选吧!我不参与。

后来,付印前,杨老从南京写信(可惜此信已找不到)给杨俊社长提出:要为读者着想,特别是为没有收入的大学生着想,画册不一定用好纸,也不必搞精装,不要弄的很豪华。

就这么几句话充分体现出杨老高尚的道德品格。他首先想到的不是自己,而是广大读者。他想到的,不是怎样把自己毕生所画的作品如何印成豪华的版本来宣扬自己,而是把自己的作品贡献给青年建筑师,特别是大学生。

货卖一张皮,书呢?卖的是装帧?卖的是纸张,还是内容?徒有虚表,败絮其中,一文不值。

据说,书也成了装饰品。有人买书,不是为了读书,而是为了装潢包装自己,显示自己。为了适合这些人的口味,书越出越豪华,价码越来越贵,动辄上百元、几百元。豪华本高价书,出版者愿意出,因为码洋大、利润高,卖一本能顶上卖几十本;书店也愿意卖,卖一本即可获利几十元,甚至上百元。

如今,小册子真真地不值钱。就连评什么什么或是评优秀书,评委们似乎也对小册子不屑一顾,不论其内容如何。有一位专家,一辈子写的都是一些小册子,然而都是多年的研究成果,而在评什么的时候,竟评不上,人家说,她没有成本大套的著作,尽是些小册子,不起眼,所以落选。当我告诉她的时候,没想到,她竟说了这么一段话:"从前,别人也提示过我书印的太薄,不够豪华,可我至今不悔,我以为,人家能买得起,有人看,就好,我就没白写。"

出版社也好,作者也好,为读者着想,是天经地义的。

师生情谊

1982年,戴念慈的老师童寯先生在北京做理疗,住在一家医院的一间六个人的普通病房里。虽然有他的子女和助手晏隆余先生终日照看,但病房里人多不免嘈杂,影响休息。我去医院探视后,发现这情况,给刚刚就任建设部副部长的戴念慈总建筑师写了封信,告诉他上述情况,并向戴副部长提出,能否设法转入高干病房。

戴副部长收信后即去医院探视并多方托人向医院交涉进高干病房。

当时,我心里很不安,觉得像童寯那么著名的建筑学一级教授,桃李满天下,著作等身,精品设计遍布上海、南京一带,晚年生病竟住在北京一间大病房,令人心寒。我曾想,口头上讲讲落实知识分子政策并不难,反正是重复上级说过的话,而落到实处,确是难上加难。

当医院给童寯安排一间一人的病房后,童老却执意不肯去。他说,一个人太寂寞,这里病友多,说说笑笑,很好。尽管依旧在大病房住了一个多月,看来童老的心情还好,每天躺在病床上还不停地修改从南京带来的用英文写的《东南园墅》等书稿。

病房没转成,戴副部长为此事却没少费心思,四处求情托人。戴念慈平时不爱讲话,面部表情也很少流露出他的内心情感,此事他也从未向别人提起过。戴念慈的沉默饱含着丰富的情感,他始终不忘恩师的教诲。

童寯病中的故事

　　这里我记述的是建筑学家童寯(1900~1983)晚年生病住院的故事。说是故事，其实不是人们编的故事，而是真情实事。

　　童寯与著名建筑大师杨廷宝是２０年代美国宾夕法尼亚大学建筑系前后期同学，４０年代以后又同在中央大学、南京工学院建筑系任教。他们二人情谊甚笃。1982年冬，两人先后生病住院，也都卧床不起。童老身边有子女伺候，杨老子女不在南京，只能依靠已是教授的学生弟子们轮流值班，日夜守护。当童老得知杨老住院卧床不起后，到了晚上，他让已经当了教授的儿子去伺候，他说："我这里晚上不需要人，你去伺候杨伯伯吧!"

　　童老晚年仍坚持每天上午去建筑系资料室读书阅览杂志，还不时地把有关资料记在随身带的一些纸条上备查。在他生命的最后日子里，尽管腿脚都肿胀，步履艰难，仍坚持步行去学校。有关领导得知后，欲派小车接送，他坚持不坐。又有人提议让他坐三轮车往返，他说，坐三轮可以，但必须由自己的儿子蹬车，否则，不乘。大家都知道，他从来不坐人力车，即使是３０年代踏勘江南古典园林时，也都是步行。

　　童老一生俭朴，住院时，他那条破旧的擦脚毛巾，险些被护士当作破抹布给扔掉。然而，对别人却是非常慷慨。当年，学生们要办杂志，缺经费，他曾以稿费相助。

　　童老生命的最后两、三天还在强忍着疼痛为别人修改到国外做学术报告的英文稿，还在为研究生修改文稿，直到昏迷。

　　童老的一生都是在读书、画图、写作中度过的。1983年童老逝世后，他的老同学谭垣教授回忆道："在美学习期间，他以读书用功、生活朴素闻名。他从不把时间花在无谓的交际，娱乐上，总是埋头研究学问。记得那时每星期六晚上，学校学生俱乐部都举行晚会。经过一星期紧张的学习，素以学习努力刻苦著称的中国留学生也忍不住要去轻松一番。但是，从不见童寯光临。这在当时的中国留学生中也是很突出的。"

　　从这些故事中，我们要学的是如何做人。张开济老先生常说，童老的文章写的好，道德文章也好，我最敬佩童老。

1983年1月童老在北京

童寯含泪看书

建筑学家童寯(1900～1983)1982年患癌症，术后从南京来北京住院理疗。我得悉后，即安排有关部门尽快把童寯著《苏联建筑——兼述东欧现代建筑》一书印刷装订出来，好让老先生能及早看到书，给老先生在病中带来一丝欣慰。

过了不到１０天，样书就出来了。看到样书，我即派刚刚大学毕业分配来出版社的青年编辑于正伦同志送给童老。当天下午，于正伦告诉我，童老卧床手捧还散发着墨香的样书，久久地默视着书的封面，然后把书放在胸前，哽咽说了句："谢谢你们！"童老当时的神情感动了这位年青的编辑。直到前几个月，谈起当时的情景，于正论还回味无穷，赞叹不已。

童老对自己的著述，一向一丝不苟，即使印出来，也还都逐句逐字再审读一遍，并在字里行间再次改动不满意的字句。要知道，书上的行距甚小，他都是用圆珠笔写下甚小的改动字句。我应该告诉大家，我当了大半辈子编辑，在已出版的书上，认认真真再改动一遍，而且改得那么仔细，字迹那么清晰的作者，他是唯一的一位。

童寯改正过的著作样本

钟华楠闯关

香港建筑师学会前任会长钟华楠先生是香港著名建筑师,在大陆和台湾也有名气。因为,他从年轻时候起,就蓄下了长长的胡须,是一位真正的美髯公,香港的建筑师背后都称他钟胡子。

钟华楠从英国伦敦大学建筑系毕业后不久就回到香港,做了一些堪称精品的设计,对传统建筑和古典园林也做过不少研究。他是一位对中国传统文化有着深厚底蕴的建筑师。

80年代初,他曾应邀到台湾讲学,随身带去了不少大陆古典园林和解放后新建筑的幻灯片,以配合演讲,展示给台湾建筑师。那些幻灯片当时在台湾属违禁品,不得入境。我曾问过他,你是怎么闯过关的。他回答说:"我也不知道,台湾关卡为什么没有检查我带的东西,也许是因为我有大胡子。"说罢哈哈大笑起来。

还有,在离港登机去台时,他照例将机票和证件交海关检验,海关人员问他:"去哪里?"他回答说:"去台北。"海关人员望望左右的同事笑着跟钟先生说:"你拿这张回乡证去台湾,可能进得去,但是不一定出得来!"直到此时,他才知道把"进台证"丢在家里了,拿了回大陆的"回乡证"。这也没什么,只不过误了航班。

有一次,我俩谈起此事,我说,你真是老糊涂了吧!他回敬了我一句:"就其本质来说,我并没有糊涂,大陆、台湾、香港都是中国嘛!是别人太糊涂才造成我误了航班,但愿他们早日清醒过来!"

不管怎么说,钟先生确实闯进了台湾,大小会作了好几次报告,还回答了关于大陆建筑界的不少问题。他是沟通两岸建筑界的先行者,起到了桥梁作用。在两岸建筑师频频交往的今天,人们不会忘记那历史的一幕。

钟华楠

"兰亭韵事"之由来

在潘祖尧著《现实中的梦想》一书中，看到建筑大师戴念慈于1984年12月7日在香港留下的墨宝"兰亭韵事传千秋，潘祖尧先生留念，戴念慈，一九八四.十二.七"，使我想起了80年代初大陆与台湾建筑师往来的两件旧事。

一件事是时任亚洲建筑师协会会长的潘祖尧先生，在1981年8月趁亚洲建协在香港召开第二次委员会会议之机，特意邀请大陆及台湾建筑师学会的代表参加会议。当时，中国建筑学会秘书长曾坚和台湾建筑师学会代表许仲川、许坤南、蔡博安在会议期间亲切会面促膝相谈。这是1949年以后，海峡两岸建筑师代表首次会面。

另一件事就是戴念慈题字中提及的兰亭韵事。1984年，时任香港建筑师学会会长的潘祖尧先生牵头酝酿了很长一段时间，打算邀集大陆、台湾、香港三地的建筑师到香港会面，并取名"兰亭会"。当时，中国建筑学会主要领导人阎子祥同志积极响应，多方请示汇报，并确定戴念慈、吴良镛等人为代表，台湾建筑师学会也做出了积极反响。可惜，由于台湾官方阻碍，兰亭会才未能举行。

是年冬，由潘祖尧、钟华楠、郭彦弘三人出资邀请戴念慈、阎子祥、龚德顺三人到香港参观交流访问。"兰亭韵事传千秋"，就是戴念慈那次访问香港留下的墨宝。这无疑是对潘祖尧等人为沟通两岸建筑师往来所作出的历史贡献的褒奖。

今天两岸建筑师频频往来，当不会忘记"兰亭会"。

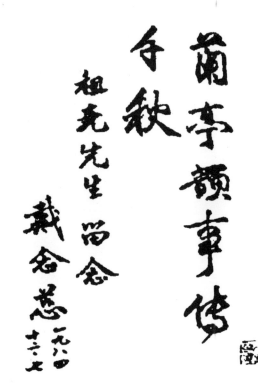

以床代桌，著书立说

中科院院士、天津大学建筑系教授彭一刚先生不仅设计过许多可谓"精品"的建筑，还不辞辛劳撰写过几本书，其中销路最广、印量最大的是《建筑空间组合论》，初版于1983年，1984年获全国优秀科技图书二等奖，1989年获国家教委科技进步二等奖。此书经八次重印，一次再版，总印册达85140册，已成为大学建筑系学生人手一册的建筑设计主要参考书。且在台湾还由地景景观出版社出版了繁体字版本。

说起撰写这部书，彭先生可吃尽了苦头。那时，他一家三代人的生活空间，仅是一室半，所谓半即不足１０平方米的斗室，图板确实无处摆放。屋子里除了床铺外，只能放下一张办公桌。就是这一张桌子，还是他与妻子、孩子三个人共用。不得已，只好把图板放在床上来画图。书中的大量文字和插图都是在这架在木床板上边的图板上完成的。真可谓高敞不宜构思，只有在斗室里才写出了至今仍受人欢迎的著作。

老实讲，写这类建筑理论方面的书，如今，没准儿还要搭上几万元书号钱或者是包销多少册，才得以出书。也许有人会说，彭先生艰苦著书，也值得，这不当上了中科院院士。我以为，遴选上院士绝不仅仅是因为有了这本书。应当说，他之所以成为院士，与他大半生刻苦钻研，倾尽全力做设计分不开的。退一步说，在他写书的时候，他不可能想到，这本书将来会成为当院士的垫脚石，对此，我是坚信不疑的。

据我所知，彭一刚先生之所以如此，最主要的是他一直怀着满腔的爱国敬业的热忱。

一滴眼泪，一本书

当我们读到梁思成著《图像中国建筑史》汉英双语版时，有谁知道它是资深建筑编辑彭华亮同志用眼泪催生的呢?!

这本书稿是梁思成先生抗日战争时期在四川用英文撰写的，原稿中的图稿是丢失３３年后才找回来的，并于１９８４年先由美国麻省理工学院出版社出版了英文本。

经梁思成之子梁从诫译成中文并经老一辈建筑专家孙增藩先生校核后，由责任编辑彭华亮审阅加工发稿。由于印刷这本书需要一笔较大的投资，再加上还有些时间性较强的图书、标准、规范急需安排出版，在出版安排上拖延了一些日子。特别是当获悉台湾也即将出版该书时，急得责任编辑彭华亮同志四处游说，企求安排尽快付印。甚至为此事，急得他到出版社领导办公室一边诉说，一边掉眼泪。于是，领导决定立即付印，在有关部门积极配合下，终于在1991年出版发行了。

作为一名责任编辑，负责任到如此声泪俱下的程度，感人至深。看来，做任何事情，都需要有激情，有热情，有感情，才能做好。

但愿那些不负责任的责任编辑能够负起责任来，为出版好书不遗余力地去游说。当然，也不必要求都用眼泪去感动"上帝"。现在，有些"上帝"并不相信眼泪，只相信经济效益。

朋友会问，你也当过出版社的第一责任编辑——总编辑，你都负责任了吗？我可以毫不掩饰地、坦诚地回答："没有！有时也没尽到责任，甚至亏待了作者。"

敬陪末座的建筑师

前些年，齐康教授对我说，有一次在江南某市，他参加由他主持设计的一座纪念建筑的落成剪彩典礼，曾末座陪客。他是在观众席的末排才找到了一个座位，由始至终。他还说，这倒也无妨，并未影响他的情绪。好在他听到了手持利剪拦腰剪断那条足够做个被面的红绸彩带的副市长对那座建筑颂扬的讲话。他又告诉我，会后，在路上那位副市长看到他，老远就打招呼，齐先生，您不认识我，可我认识您，我尽管不是学建筑的，也是您的学生，南工毕业的。怎么搞的，仪式上没见到您，失礼！失礼！请到我家里坐坐。一边说，一边就拉着齐康的手上了秘书拉开车门的小卧车。在副市长家里聊天，还吃了一顿饭，挺高兴。

当时，齐教授是作为建筑师参加会的；若是教授身份，我想不至于末座陪客。再说，那是好多年前的事，我想今天不会再末座了，因为齐康已是中国科学院院士了。即使是今天，假如他依然是建筑师身份，不让人家知道他是院士，没准儿依然末座。不信，请看下面一段令人深思而又十分精彩的故事。

"几年前的暑假，我跟随先生到无锡见甲方。先生是我很崇拜的先生，甲方是第一次见。先生事先介绍，甲方是个从中央电视台淘汰下来的导演，对建筑颇有些拼道具的观点，我心想：有戏看。

终于没有谈拢，对方竟红了脸。我很诧异，这样一位可敬的先生竟有人跟他红脸。最难以接受的却是最后一个回合，甲方拍案而起：我一个副总经理，亲自陪你们谈……

当时我是个刚开始学建筑的新学徒，感到遭受了沉重的打击。一个总经理，副的，在我敬爱的先生面前竟然如此大发神威。我后悔进了建筑系，如果是进了"副总经理系"该多好，不必苦学建筑就可以决定建筑的命运。甚至我想，万一混到副局长、副厅长或副市长那份上，那岂不更可对建筑呼来喝去：'建筑，倒杯茶来'，'去，建筑，跳个舞看看。'那真太过瘾了。……别学建筑了，从副总经理干起吧！"（这段故事摘自窦武"北窗杂记"，《建筑师》第86期。原作者朱育模，原载清华学生刊物《思成》，标题"副总经理"）

在中国封建社会里，贵士而贱工，崇道而卑艺；在当今条件下，有钱或有权支配钱的业主就是爷，建筑师算老几？你若不想学建筑，那也没法儿。可别忘记，一所不太著名的大学，建筑系一年只招收36名学生，报名的比360名还多哩！除非像贝聿铭那样在国际上显赫的建筑师，不愿做的，就不做；设计费少了，也不做。对一般建筑师来说，你不听业主的摆布，就拉吹，你也别想拿到那份对外国建筑师嫌少，对我们来说乃是一笔可观的设计费。

有人会说，宁愿失去搞创作的机会，也不去为三斗米折腰。好样的！我们都敬佩具这种品格的建筑师。可惜，这种人太少了。

建筑师与设计师

据闻，80年代美国《生活》周刊某期曾称邓小平是中国改革开放的总建筑师，而我国的宣传媒体却没译成总建筑师，译成总设计师。在英文里，建筑师与设计师是两个字。恕我，无法查核是否属实。姑且，暂不去追究它。

但是，建筑师与设计师确是完全不同的两种职业。在我们的宣传媒体上，把建筑师说成设计师至今仍屡见不鲜。把建筑师与设计师混淆起来，也并不奇怪。在我国有其历史原因。历史上我国就没有建筑师这称呼，一直是工匠。直到20年代，才有少数从国外留学归来的建筑师，此前虽也有在国外学建筑学归来的，但那只是个别人。

梁思成先生1949年曾简练地说过："他(指建筑师——引者注)的任务在运用最小量的材料和地皮，以取得最适用，最合理，最大限度的有用空间，和最美观(就是朴实庄严，不是粉饰雕琢之意)的外表。"

而设计师，一般是指从事工业设计的专业人员，如从事桌椅、茶壶、汽车、自行车等的造型设计。

此外，人们还常常把建筑师与土木工程师混淆起来，以致于直到80年代中国才有了"建筑师"这个职称系列。此前，不管是建筑师，还是土木工程师，都称工程师，各个建筑设计院都只有总工程师，而没有总建筑师。

由此亦可见，我国建筑设计落后于世界先进水平，是有其历史缘由的。

名不正，言不顺。希望传播媒介不要再把建筑师与设计师混淆起来。

中国当代著名建筑师合影于60年代"文革"前
左1—黄远强，左2—张镈，左3—杨廷宝，左4—常学诗（文化部总工程师），左5—戴念慈，左6—林乐义，左7—吴良镛

建筑师并不只会画图

1993年5月,由南昌市土木建筑学会、中房集团南昌房地产公司和《建筑师》杂志共同主持召开了一次"建筑与文学"研讨会。出席会议的文学界人士有马识途、黄宗江、林斤澜、公刘、叶楠、蓝翎、邵燕祥、张抗抗、舒婷等20余人;建筑界人士有张良皋、周维权、戴复东、郭湖生、郑光复、曹汛、汪正章、马国馨、洪铁城、陈薇等30余人。这次文学家与建筑师的聚会是两界著名人士的首次相聚,从而引发出不少轶事。

会上,许多文学界人士反映,我们原以为建筑师只会画图,不知道建筑界有这么多人具有扎实、传统的文化基础,古典诗词居然背得这么滚瓜烂熟,比如张良皋、戴复东、郑光复、曹汛等。因为我对建筑界比较熟悉,就说,你们不知道,这次请来的建筑师都是有文学修养的,至于只会画图,对文学一窍不通的,只是没请来罢了。其实,在建筑界只会画图,从广义的文化来说,程度并不高的人,还多着哩!

另一件事是,坐了一天汽车由南昌去井冈山参观学习。因为会期短,大家要讲的话又多,只好晚上在井冈山开了一次随意参加的座谈会,因为吃完晚饭已经7点半了,只好8点开会,一直开到深夜11点才不得不收场。有趣的是到会的大都是五、六十岁以上的作家和建筑师,年轻人到会的极少。这仅仅是一个现象,透过这现象能看出些什么呢?6年过去了,至今我还解释不了这现象。那天晚上,老作家林斤澜的发言给我留下极深的印象,虽然他后来把讲话写成文章"城墙"(刊登在《建筑师》第54期上),但我始终觉得文章不如讲得绘形绘色。也许是会议的氛围使林老情绪激荡。会后,当一些青年人得知林老在夜间的会上发表了极为生动的讲话时,后悔莫及,可惜的是没有录音。

著名科学家钱学森曾赞扬这次研讨会是中国建筑界重视建筑文化的良好开端。许多朋友还不断地提议再召开第二次研讨会。可惜,一直因为缺少资金至今没有再开成这种会。

1993年5月26日,"建筑与文学"学术研究会全体代表在南昌滕王阁前合影
前排左起2-张良皋、3-公刘、4-黄宗江、5-白栋材、6-马识途、
7-蒋仲平、8-杨永生、9-林斤澜、10-叶楠、11-方留淇

藏书和笔记今安在?

前些日子,报载有郑振铎、茅盾、郭沫若等人的一些亲笔信,流失到北京旧货市场上,开价12万元。这件事,使我想起,已故建筑学家刘致平先生的笔记本和藏书是否安然无恙。

前几年,听朋友说,有两个国家的建筑学术团体欲收购刘致平的笔记本和藏书。因为不认识刘老的后代,我只好托朋友转告,千万别出售。我们的文化财富,要由我们自己来保存。后来,我们几个友人,酒后茶余,议论此事。有人说,你错了,不应告诉别卖,应该告诉刘老的后代高价出售。这样,还得以保存完好,供专家们去研究。放在后代手里,再过若干年,假若后代的后代没兴趣,没准儿会当废纸卖掉。听到这一番话,我除了凄怆之外,还能说些什么呢?

过后,我曾想到设立一个专门的机构,收藏建筑师的徒手构思草图、笔记和藏书,供后人研究、使用,惠及后代。现在,我又想,假如把这件事委托给各地的城建档案馆去做,不知是否可行,是否有这笔经费。

这笔财富到底如何保存?大家给出出主意。

1999年4月

又记:在我编这本书时,从刘致平女儿处得知,在"文革"劫难后他所剩余藏书和笔记本,现仍保存在他女儿手中。

1999年8月

陈植执意不肯

《中国大百科全书·建筑园林城市规划》卷内写着"陈植,中国现代建筑师,字直生,一九〇二年十一月十六日生于浙江省杭州市。……陈植认为,建筑创作必须从环境、群体、功能出发,体现民族风格和地方风格,并主张将"科学的内容、大众的方向、民族的形式"这一概念应用于建筑创作。"这里,我想补充一句,陈植所说的民族形式决不是大屋顶,早在30年代,他同赵深、童寯合办华盖建筑设计事务所时,他们三人就已约定,放弃大屋顶。

这部中国大百科全书作为人物条目只列入八个人,即庄俊、吕彦直、刘敦桢、赵深、童寯、梁思成、杨廷宝和陈植。现在,前面七位已作古,只有陈植老先生还健在,居住在上海一所公寓里,而且思维依旧敏捷,关注着建筑事业的发展。

陈植出席1991年在上海举办的全国建筑画展开幕式

对于这样一位"国宝"级的建筑大师，我们除了敬仰之外，大家都期望着他能够写一些(或者谈谈)关于他一生从事建筑创作的回忆，起到存史和育人的作用。大约在十年前，我几次三番地恳请他写回忆录，在《建筑师》上发表，他执意不肯，总是推托说什么他没有学问。后来，我又与同济大学教授罗小未先生商量，请她指定一位研究生以《陈植》为题作硕士论文，花上两年时间，请陈老讲，逐句录音，广泛搜集资料，在此基础上由罗先生指导作研究。罗先生欣然接受了我的建议并亲往陈老住宅，商量此事。未料，陈老还是不允。

至今，我们的这个愿望还没有着落，不知陈老看了我上面写的这些，能否回心转意，让我们这些晚辈能够分享到陈老的学识。

陈植设计的上海鲁迅墓

张开济的幽默

我国当代著名建筑大师张开济老先生，已高龄80多岁，老态当然是免不了的。然而，他的思维却异常敏捷，观察事物的能力仍不减当年，而且时不时地还能稍加思索后冒出几句非常得体而又意味深长的幽默。

例一，前些年有一次在饭桌上闲聊时，我问他，"文革"期间红卫兵批斗你，搞的那么凶，连人格都被损害了，被侮辱了，你是凭着一种什么信念挺过来的？他未加思索，当即答曰："不要脸！"三个字。看来，这是张老"文革"时即已抱定的一种信念。这信念，我认为是实实在在的。我们中国人往往因为爱面子而误了不少事，有时甚至连生命也给搭进去了。

例二，有一次在哈尔滨开会，会议室在5层，没有电梯，我一边扶他上楼，一边说："今天可苦了您啦，要爬这么高的楼梯。"他笑着说："没关系！我这个人就喜欢向上爬！哈哈！"这话包涵着几层意思，大家想想。

例三，张老在1997年给彭一刚院士的信中说："大作中多次引用拙作'古都风貌……'一文中的一些话，使拙作真正起到了'抛砖引玉'的作用。'抛砖引玉'本是一句客套话，抛的可能是砖，可是引来的却不一定都是玉。不过，你的文章确实是一块货真价实的美玉。我也不愿过份妄自菲薄，我认为我的文章至少尚能'实话实说。'因此，还算是一块'实心砖'，比时下那种通篇空话的'空心砖'尚稍胜一筹也，一笑！"

张开济近照

张镈的记忆力

我国当代著名建筑师张镈记忆力惊人,我在与他的接触中深有体会。

张镈在他写的《我的建筑创作道路》一书中,不仅详尽地回顾了他一生所走过的道路,而且对他历来设计的重要建筑物,都作了详尽的描述。当他把第一稿交给我时,我逐字逐句的看过后,发现里面不仅地点、时间都写得很具体,而且建筑各部分的尺度,包括细部的尺寸都写得很具体,甚至具体到多少厘米。他写稿子时已80多岁了。老实讲,我对那些数字的准确性半信半疑。于是就问他,您写那么具体,特别是那些数字,是根据什么?您有珍藏的日记、笔记吧!他说,我没有什么笔记、日记,全凭脑子里的记忆。后来,与朋友们谈起张镈的记忆力,有人说,他不仅记忆力好,而且对建筑的经济指标还特别注重。也有的朋友说,他那本书我看过,前两年有机会去人民大会堂,我还核对过,他写的那些尺寸,有的准确,有的也不那么准确,说不准确,也是只差几个厘米,这也实属不易。

大家都钦佩张镈的记忆力和经济指标观念强于一般的建筑师。

北京民族文化宫 (张镈设计)

要让张镈来加帽子

现在设计高层建筑，建筑师都认为，它的屋顶最难做。于是，在有的城市，帽子五花八门，甚至有些高层建筑是穿西装戴瓜皮帽。

1994年，北京市建筑设计研究院召开了张镈著《我的建筑创作道路》一书发行暨张镈从事建筑创作60周年座谈会。出席那次会议的有北京市政府有关领导，还有在京的建筑界名人共百余人。

记得当时主管北京市城市建设的副市长张百发在会上说，张老的建筑造诣很深，有一位外国著名建筑大师在北京设计了一幢高层建筑，这位大师在审查会上说，他设计的这座大楼的帽子，不一定妥当，看来还得请贵国的建筑大师张镈给加一顶帽子，才是。

张副市长在这种会上讲这件事，我想，当然是褒奖之意。

当时，我听了，也没有过多地去想那位外国大师讲这番话是什么意思。现在，看看北京市一些高层建筑上的大屋顶、小亭子，我又不禁想到，人家是不是讽刺我们呢？

但是，我总觉得，张镈50年代作品的大屋顶(如友谊宾馆、民族文化宫)比起80年代一些时髦建筑上的大屋顶、小亭子好得多，地道得多，起码在尺度把握上挑不出毛病。这也是国内外建筑师公认的。

北京友谊宾馆(张镈设计)

戴念慈当官不离图板

我国当代著名建筑师戴念慈(1920~1991)一生设计过许多脍炙人口的建筑物,晚年还当过城乡建设环境保护部副部长。当他被任命为副部长的消息传出后,有一天我在路上碰到他时问他:"戴总,怎么还不上任?"他说:"不着急,我并不想当副部长。"我接着说:

"你当官,可千万别丢下设计。"他肯定地说:"不会的,我要把图板搬到办公室里,不会离开图板!"这话果真兑现了,当了副部长以后,他确实没离开过图板,设计了不少重点建筑,且有所突破。

"文革"后期,我俩有一段时间在一个党小组里过组织生活,多少有点了解,才跟他说了上面一段话。所谓有点了解,主要是我觉得,戴总不爱讲话。开党小组会,他总是不爱发言,即使是不得不表态时,也只是一两句而已。祸从口出,戴总不说话,在那个年代,确实是一个最佳护身符。

那么,我为什么让戴总别丢下图板?这不是随随便便所说,而是经过思考的。记得"文革"期间,有一位很有成就的专家,就是因为当了什么委员而有一段宝贵的时间未从事科研,以致影响了出科研成果。后来,那个委员也没当好,被免去职务,结果是两头都耽误了。这不仅对个人,对国家也是得不偿失的。

戴总是生不离图板。向他遗体告别的人,都见到他的遗体旁摆放着由中国建筑工业出版社出版的维特鲁维著、高履泰译《建筑十书》的中文版。

1983年9月戴念慈出席在上海召开的《中国建筑年鉴》编委会扩大会议,他应聘为年鉴编委会顾问

评审方案也走过场

前些年，有幸参加过几次方案评审会，学了不少知识。最使我不安的是业主的大大咧咧，最使我感动的是专家们的兢兢业业。往往是开始时，老板到会致词表示欢迎，然后两天会，老板再不着面。最后，散会时，老板请客吃饭。我给他们这种工作方法冠以一个美妙的说法，叫做"抓西头，带中间。"

对专家们的认真，只举二例。每次这样的评审，都是事先不发资料，只是在报到的当天才把厚厚的一叠资料交到专家手里。第二天就开会，当然看不完，只好连夜加班。我记得，同我住一间房的东南大学教授、工程院院士钟训正先生，有两次都是看资料到深夜一点多钟。再一例是，建筑大师张开济，因为业主老板连最后半天的评审总结会都不参加而发火，罢会。以致，老板不得不赔礼道歉，才又复会。仅从此二例，即可看出，专家们的认真负责态度。

更有甚者，开起会来，译员竟不懂专业，译不明白，外国人（方案设计人）只好安安静静地坐在会场，听取译员不明不白的译意。据说，会后将由业主另行转达专家们的意见。

那末，业主既然对专家评审如此不重视，连会也不参加，为什么还要开销十万，八万的费用邀请专家评审呢? 我不明白，至今也不明白。只能说，这种会理应冠以"走过场"。

话说回来，也并非所有的评审会都如此。大约在10年前，我曾受托帮助一家设计院请过一些在京的专家为他们一栋高层建筑评审方案，提了不少意见。据说，不仅设计院，连甲方也十分满意。道理也十分简单，因为专家们的意见，为他们节省下一、二十万元的投资。

据说，这种方案评审会，对于任何一项重大工程都是十分必要的。老板出钱，请专家们来评议方案，本来是一件值得提倡的好事。往往好事办不好，歪嘴和尚念经，什么好经，也能念歪。

生财无道

前几年，我国最大的一家建筑图书馆，因为经费不足再加上还要创收，居然把50年代花了不少精力四处收购的古旧建筑书、外国建筑书以及收藏的报刊，当作废纸卖了一部分，其中有羊皮本的外国建筑书，有30年代出版的《中国营造汇刊》等等。

当我听说此事后，曾跑去该图书馆想找我需要的书，拣些便宜货，就像"文革"期间，趁人不备，拣一些书和照片一样。晚了一步，馆长说，已经处理结束。于是，我想借一套《中国营造汇刊》，馆长说，只保留一套，存放在仓库里，不能借阅。为什么? 因为，要腾出房子，出租，创收。只好堆放起来。

说实话，就是这家图书馆的书刊，即使红卫兵在"文革"初期破"四旧"，闹得那么凶，也没被毁弃；即使在1971年"备战"搬迁时，也还动员了几十人，打包托运到河南保存起来。

再往前追溯，在这个图书馆建立之前，1956年2月17日，当时的建工部长刘秀峰向毛泽东主席汇报工作时谈了五项发展建筑业的措施，其中第五项里即提出"设立技术图书馆，建立永久性的建筑展览馆"。这间图书馆就是向毛主席汇报后着手建立的。

这不能不使我联想到，商品的大潮冲击波的能量真够大的，一座大型图书馆都给冲得摇摇欲坠。

吴良镛"打的"又骑车

　　大约6年前,清华大学教授、两院院士吴良镛先生虽已年逾古稀,可精力依然充沛,走起路来还像年轻时一样风风火火,爬楼梯也一步两三阶。前些年有一天,在北京友谊宾馆开会,散会时已是晚上八点多钟,参加会的人三三两两边走边聊。唯独吴先生大步流星,直奔宾馆大门。当他从我身边跑过时,我喊住他:"你急什么?"他说:"这么晚了,我得赶紧去街上'打的'回家!"我接着说:"别着急,坐我的车,我先送你回家!"

　　在车上,我想,像吴先生这样在世界上都有名气的建筑学家,这么大年纪,为什么学校不派车接送。于是,脱口而出:"你怎么不要一辆车接你?"他回答说:"太麻烦了,算了吧!"到现在,我也不明白,有什么麻烦的。

　　进了校门,他让司机停车,说:"不必送到家,我的自行车还存放在这儿哩!"他又说:"居住区不准进车,我每次外出都如此,谢谢!"在夜色中,我目送他直奔他那辆唯一由自己支配的交通工具——自行车。

　　后来,我看到清华大学担任行政领导职务的吴先生的学生,外出开会都有车接送。

　　时间过了6年,今天清华大学许多青年教师买了自己的私人小卧车。也不知道吴先生现在是否还是"打的"又骑车。我敢肯定,他不会买小卧车,年纪大了,不准许驾车,雇司机,他能雇得起吗?尽管他有稿费,还有些劳务收入,我谅他也只够买住房的。

　　再想想,像吴先生这样,也还算过得去。还有比他更艰难的"困难户"。有位朋友告诉我,一间知名大学里80多岁的著名学者,连进城看病还挤公共汽车哩!写到这里,我又记起,一位毕业于西南联大的老教授,80年代初到我办公室来开会,路上要用去一个半小时坐公共汽车。八点半开会,他七点钟就要从家里出发,但他从不迟到。想"打的",还没有!

　　我常对朋友们说,中国的知识分子,尤其是年过花甲的,是世界上最好的知识群体。他们一辈子什么罪都承受过,什么苦都吃过。因此,晚年再苦也在所不惧,而且大都还关心着什么,追求着什么。

戴复东美国遇险记

　　1983年，同济大学戴复东教授，作为访问学者在美国只逗留了四个月，而且还获得了美籍华人建筑师贝聿铭设立的"在美华人学者奖学金"2000美元。他用这笔钱作了一次周游美国的建筑考察旅游。为了省钱，他自己安排的行程多是夜间乘"灰狗"汽车公司的汽车，在车上睡觉，白天参观。他觉得，虽然累一些，那时已经是50出头的人了，可省下一笔住宿费，多走一些地方，多看看。至于吃的，那就更简单了，除了热狗，就是汉堡包这些简易食品。在美国，对于中国学者来说，生活关是好过的。难的是，稍不留神，就会被洋匪抢劫。前几年，饭后茶余聊天时，他对我聊起一次历险过程。从波士顿出发，半夜到奥巴尼，本想在汽车站候车室里过后半夜，第二天参观。未料，候车室仅只他一人，还被两个鬼鬼祟祟的中年黑人盯上了，形影不离。幸亏，车站里还有值夜班的女士，只好进去求助。尽管，她呵斥那两个洋匪："你们走开！"他俩非但不走开，还紧紧盯着戴先生和那位女士。无可奈何，女士只好喊来叫弗兰克的高大壮汉。这弗兰克冲着两个洋匪挥舞着拳头叫喊："滚蛋！"那两个人才乖乖地溜走。后来，那位值班的女士又护送戴先生到对面的小旅馆，他在大堂坐了几个小时。不是旅馆没空房而是为了省住宿费才在大堂里坐到天明。脱险后，开始了漫长的建筑考察，拍了上千张建筑照片，闯进了上百座建筑物的内部，取得了第一手资料。

　　如果戴复东先生能把亲临美国许多城市考察的笔记和照片整理出来，如同当年梁思成，刘敦桢等前辈调查中国古建筑后写出的调查报告一样，编写成书，且有出版社愿意出版，让大家都来分享考查成果，该是多么有意义的工作。因为，美国人眼里的美国建筑，与中国人眼里的，可能会不完全相同。

慷慨与悭吝

　　慷慨与悭吝是两个相对立的概念，非此即彼，非彼即此，二者似很难整合在一个人身上。人们很难确认，某某人既慷慨又悭吝。虽然这种人不多，但也确实有。比如，香港建筑师学会前任会长、在亚洲建筑界也有相当名气的香港建筑师潘祖尧就是一位既慷慨又悭吝的人。说他慷慨，我可以举出许多事例。比如，从60年代开始，他在香港担任的社会职务不下几十个，非但大都没有任何收入，还要搭进去不少金钱、精力和时间。在他们那里，时间确确实实是金钱。他捐赠过不少钱举办亚洲建筑论坛活动，近年他每年都出资三、五万元在内地举办建筑论坛研讨会，还赞助过全国设计竞赛活动。此外，他每年都买200册建筑论坛丛书，赠给各有关大学和设计院资料室。固然，他在香港众多建筑师当中，是富户。有钱的人，也并不都是这么慷慨。有人说，越是有钱的人，越是"抠门儿"。这话也有一定的道理。否则，怎么能积攒下钱呢!?

　　潘先生有时也"抠门儿"。比如，有一次我俩分稿费，每人分得35元。他虽然从16岁就到英国读书，10年后才学成回港，但中国人的传统仍没改变，照样谦让了一番，但终归还是照收不误。接着，就请我吃饭，竟花了一千元。这是一个观念上的问题，不该花的钱，一文不花；该花的钱，多少也花；该收的，不必虚伪，照收不误。相比之下，有些人恰恰相反，该创收的，不去创收：该花的，花不到刀刃上；而不该花的，往往还大手大脚，甚至钱没花，却买来不少的负面效应。

　　我们每个人只要稍加思索，搜寻周边发生的事情(例如建筑设计、房屋装修)，会有不少事例完全可以印证这些在花钱上的种种观念上的问题。

千方百计拯救索菲亚教堂

1992年,我们在哈尔滨市开会评选全国优秀中小型建筑,当然不能不去看看全国重点文物保护单位索菲亚教堂。尽管有人说,破破烂烂有啥看头?我们仍把它列为首要参观项目。

不出所料,恰如哈尔滨建筑大学侯幼彬教授所说:"整个教堂以残破的身躯,遍体的伤痕,被重重围困在楼群、商亭、摊点之中,时刻面临着严重火患的威胁。""教堂内部变成了堆放易燃材料的仓库。"以致我们既无法接近它,也无法拍摄它的全貌。

那次评选委员会由建筑大师张开济先生主持,他一边看,一边渐渐地收回了平常见到的他那天真的笑容,显露出一脸怒色,接连说出三句话,第一句是"美不胜收";第二句是"惨不忍睹",针对当时的状况;第三句是"见死不救",显然是针对市政当局的。

在评选结果的新闻发布会上,大家又重点谈了拯救索菲亚教堂的问题,引起新闻界极大重视,并纷纷加以报道。

然而,与会专家仍感火力不够,哈尔滨建筑大学邓林翰教授提出,参加评选的潘祖尧先生是全国政协委员,何不让他回香港后写一篇建议书交新华社香港分社转回哈尔滨市政府,借以加大呼吁的力度,即采取人们常说的"出口转内销"的办法。当我向潘先生提出此议后,他非常高兴,并保证办到,但对我提出一个条件:"由你来执笔写这篇建议书。"在潘先生,邓教授的力促之下,我回北京后立马写了近千字的建议书,即寄香港潘先生。他打印呈送新华社香港分社。后来,听说,在哈尔滨的什么内部简报上刊登出来。

前年,这座历尽沧桑的索菲亚教堂终于在实施整治城市计划中,得以"整旧如旧",并开辟了一处教堂前广场,成为新景点,至今参观者络绎不绝。当张老得悉已修整竣工的消息时,立即电话告我,并说咱们没白说,十分欣喜。

遇到类似情况,常常还能听到"说了也白说"的劝阻。我以为,这是缺乏自信心的表现。这一事例充分证明,有许多事情,只要大家(包括专家和群众)取得共识,再加强宣传力度,不厌其烦,终归(尽管不是马上)会取得有关主管机关的认同,并在抓住机遇时予以解决,说了并不白说。这是我所确信不疑的。 不知您以为如何?

哈尔滨索菲亚教堂

潘祖尧与文物收藏

在香港、在亚洲都有名气的香港建筑师潘祖尧先生兴趣广泛，尤爱收藏文物。据我所知，他收藏的名贵文物有宋代张樗寮书于1252年的《古柏行》手卷、元代赵孟頫的册页、明代文徵明的《明妃曲》册页、明代祝枝山狂草诗卷、唐三彩小酒壶、宋钧窑天蓝地紫斑碟等。

不言而喻，收藏文物要有雄厚的财力作后盾，但也不尽然。1968年，潘先生刚刚从英国学成回港，月薪只有1800港元，竟花了500港元从集古斋买回了他的曾祖父潘季彤书于1848年、1849年的书法手卷。这巧遇更加激励他收藏文物，他从此与收藏文物结下了不解之缘。开始时，他收藏瓷器，后来又扩大到陶器、木器、竹器以及文房四宝，其后又扩展到明代家具。对书法，开始时行书、楷书、草书他都收集，最近10年又集中收集狂草。他说："我觉得狂草更富艺术意味，是各种书法中最耐人寻味的。"

他认为："收藏的原则是只要曾经拥有，不在乎天长地久或留给子孙永享。""只要有其他藏家接手，那保存文物的使命就得到落实。"因此，他还出让一些藏品，给别人拥有的机会，如以前收藏的一些楷书、行书藏品他又出让给了别人。

作为一名建筑师，为什么要收藏文物？建筑师不应是画图匠，更不应该是抄图匠。建筑设计应是一种建筑创作。既然是创作，就必须深入生活，体验生活，这是毋庸置疑的。

潘祖尧先生深有体会地说："文物收藏使我能理解博大精深的传统文化，提高作为一名建筑师不可或缺的文化素质，探索传统文化与现代建筑的关系，这是收藏中沉淀的无形财富。"他说得多么好哇！这就是无形财富与有形财富的辩证关系。

但愿青年建筑师都能通过各自不同的途径去提高自己的文化素养。

潘祖尧收藏的赵孟頫册页

屋顶花园的"身份证"

20多年前,屋顶花园在香港像"偷渡犯"一样没有合法地位,不得生存,是地方建筑法规所不允许建造的。直到80年代中期才取得合法身份。据传,由非法到合法有这么一段故事。

香港有一位著名建筑师20多年前在建造自己的住宅小楼时,特意在平屋顶上建造了百余平方米的屋顶花园,并受到许多同行和业主的赞扬,人们都愿意到他家串门,为的是享受一番屋顶花园的氛围。因为在香港那块弹丸之地,人们难得找到一块贴身的绿地。

而香港的地方建筑法规是几十年前制订的,那时就连制订法规的英国佬可能也没想到屋顶上还可以人造花园,也可能担心荷载过大,影响屋顶安全,在法规中特意规定不准建屋顶花园。

由此,这位建筑师的屋顶花园竟遭到市政当局几次三番的查问,并令拆除。

这位建筑师在无可奈何的情况下,提了一份建议书给市政当局,陈述屋顶花园之必要性并提议修改建筑法规条文。市政当局经研究,认为这意见有道理。于是,修改了法规的有关条文。从此,屋顶花园在香港才取得合法地位,有了"身份证"。

任何法规、条例、规范都不应是一成不变的,必须随着时代的发展、科技的进步,适时地加以修改,才不致于有碍于建筑的发展、社会的进步;而制订法规的权力部门有关专业人士,在法规公布之后,也要不断地追踪各方面的信息,常年积累资料,才能做到适时甚至超前修改已成文的法规。只有如此,法规才起到促进作用,而不致于扯后腿。

远来的和尚敢念经

人们常说,远来的和尚会念经。其实,不见得,至少他不甚了解当地的情况,而往往有人是下车伊始哇啦哇啦乱说。我确信无疑的是:远来的和尚敢念经。

说来,前些年我也有两次机会充当敢念经的和尚。一次是在南方的J城。出差采访城市建设,J城的建委主任硬拉着我去看即将在大桥边上盖一座亭子的地段。在踏勘现场时,那位主任突然提出亭子高度问题,征求我的意见。他说,一些人主张盖高大的亭子,另一些人主张高度不能超出x米,体量不能太大,不知你以为如何?我稍加思索,毫不掩饰地说,我同意后者,因为太高大,会与桥头建筑争高低,不成比例,大可不必。这时,他才说出带我去的目的。他说,前者是市领导的意见,后者是建筑师们的意见。你可否在今晚会见某领导时谈谈你的意见,助我们一臂之力。请你原谅,我们已多次陈述意见,现在不便再说了。当天晚上,我毫不迟疑地谈了我的看法。适逢那位领导开明果断,当即命秘书写一份简报送市里各位领导。这时,那位建委主任喜笑颜开,看出他的目的达到了,我却被他利用了一次。到现在,我也没再问简报发了没有,那座亭子建了没有。

另一次是在北方的H市。那里有一处老市中心广场。四周的建筑多是3~4层。省里要加层加高一栋二层楼,市里一些主管部门不同意,以免破坏特有的市容,花钱买来负效应。因为,我在那座H城念过书,比较了解,而市里主管这工作的负责人又是校友,他才征求我的意见。我当时说,是否加层加高,得做出整个广场改建设计后再定。为此,可以召开一次有远来的"和尚"参加的论证会,(接下

我国第一位建筑师是谁？

欲回答这个问题，我以为首先要界定几个条件。否则，前提条件不一，就会产生不同的答案。这里所指的建筑师是指在大学建筑系毕业后从事建筑设计或建筑教学的，其他如历代的工匠，从事过建筑设计或建筑教学但非建筑学专业大学毕业的均不包括在内。

如按上述前提寻查，据现有资料，我国第一位建筑师当属贝季眉（字寿同）。

贝季眉系江苏吴县人，生于〔清〕光绪元年十二月二十四日(1876年1月20日)。据传，他是世界著名建筑师美籍华人贝聿铭的叔公，不知确否。另，据张镈生前回忆，听说贝季眉出身江南名门。也许，他是苏州园林狮子林园主贝家子弟（贝聿铭即是狮子林园主的后代）。

早年，就读于上海南洋大学。辛亥革命的前一年即1910年由江苏省官费派至德国留学。毕业于德国柏林工业大学建筑学专业。回国后，从1915年起，始在北洋政府任职，后又在南京国民政府司法部任职。

从1930年到1932年在中央大学建筑系兼任教授。1932年中央大学因学潮停课，贝季眉遂离开中央大学。此后，他在何处任何职，以至何年何地逝世，均查不到资料。

关于他的建筑设计作品现仅知北京大陆银行和位于北京饭店西侧的欧美同学会建筑是由他设计的。

梁思成在《中国建筑史》第八章中曾说："至国人留学欧美，归国从事建筑业者，贝寿同实为之先驱，北平大陆银行为其所设计。"

页）

（接上页）

并将会议简报送到省里，光靠你们市里的几位当官的恐怕难以抗得住省里的压力。事后，听说照办了，而且与会"和尚"都无所顾忌地谈了暂不能就一栋楼来加层加高的意见。去年，我又到了H城，看到广场四周建筑未做任何改建，长出了一口气，十分欣慰。这是第二次被人家利用。现在，想想心里很踏实，因为不是被人利用办坏事。

由此，我联想到，除了歪嘴和尚尽念些歪经之外，不要以为远来的和尚都会念经，只要多加留心听听那些敢于念经的和尚的意见。当然，敢念经的和尚也不见得都不是歪嘴和尚，也要留神。尤其是在城市建设这样百年大计的事情上更要慎而又慎，匆促之中往往会造成无法挽回的损失，此等实例，屡见不鲜。

我国第一部近代建筑学专著是哪本书？

有朋友问我，我国用近代科学原理介绍近代西方建筑学由中国人写的建筑学专著是哪本书，是谁编著的。

对这个问题，没有研究。只好介绍现在美国进修的赖德霖先生的研究成果。

他认为，我国第一部建筑学专著是由张锳绪著《建筑新法》一书。该书于1910年由商务印书馆出版。

对张锳绪，赖德霖先生也提供了不少资料，使我们得以有所了解。

张锳绪，字执中，1876年生于天津府天津县。17岁入北洋水师学堂。6年后1899年(23岁)东渡日本求学，同年秋入东京帝国大学工学科，读机械学专业，三年后毕业回国，并任平江金矿局总工程师。1904年夏到保定师范学堂任总斋长兼教习。此后，又在直隶学堂做过监督，还在农工商部中初两等工业学堂担任过教职。除了这些学校教职外，他一生中有两段经历与建筑有关。一是在北京、保定等地监理过工程，用当今的话来说，即担任过监理工程师。二是1910年在农工商部高等实业学堂讲授过建筑学。

此外，张锳绪还有本国学位，即29岁时，1905年7月14日殿试及第，赐进士出身，并担任商部主事。主事在清代为正六品，官阶较低。

张锳绪虽学的是机械学专业，又是工程师出身，但他自己说曾"稍治建筑之学"，并有监理工程的实践经验，还在学堂里讲授过建筑课，所以写出了《建筑新法》一书。

我国第一个建筑学术团体

我国第一个建筑学术团体是古建筑学家朱启钤(字桂辛，晚年号蠖公)建立的。这个学术团体就是中国营造学社，正式成立于1930年2月。此前，于1925年朱启钤曾办营造学会。

据中国文史出版社出版的《蠖公纪事》一书载"朱启钤自撰年谱"记："民国十四年乙丑创立营造学会，与阚霍初、瞿兑之搜集营造散佚书史，始辑《哲匠录》。""民国十九年庚午僦居北平，组织中国营造学社，得中华教育文化基金会之补助，纠集同志从事研究。"

"民国二十年，辛未，得梁思成、刘士能两教授加入学社研究，从事论著，吾道始行。"

这个学社在它存在的15年间，人数最多时也不过有职员17人(1934～1937年间)，而人数最少时(1938年、1939年和1945年)只有5人。然而，他们的成果是非凡的，仅学社存在的15年间，他们踏遍了近200个县市的山山水水，实地考察测绘了近2000处古建筑，仅测绘图纸就绘制了近2000张(不包括抗战时在西南地区所绘图纸)，并出版了《中国营造学社汇刊》。

营造学社社长是朱启钤，社内设法式部(由梁思成任主任)和文献部(由刘敦桢任主任)，并由梁、刘二位先生率领一批专业人士从事古建筑研究工作，统称为职员。此外，还有人数众多的社员，由1930年的43位社员到抗战前夕的1937年已发展到86位社员，其中不乏政界要人，财界巨头和其他学科的学者及建筑界名人，如周贻春、朱家骅、钱新元、张学良、陈垣、陶湘、关颂声、李四光、赵深、杨廷宝、陈植、陆根泉等。此外，还吸收外国人为社员，如德国人鲍希曼、艾克，日本人桥川时雄、荒木清三等。

这个学社存在时间不长，特别是赶上抗战八年，在大后方四川、云南极为艰苦的条件下，也没放弃对我国古代建筑的调查研究工作。

中国营造学社在我国建筑史上占有重要的一页，他们是用现代科学方法研究我国古代建筑的开拓者，他们的成就是前无古人的，他们为中国建筑史学打下了坚实的基础。学社的机构设置、人员配备、工作方法，特别是艰苦奋斗的精神都值得我们去深入研究，更值得我们发扬继承。

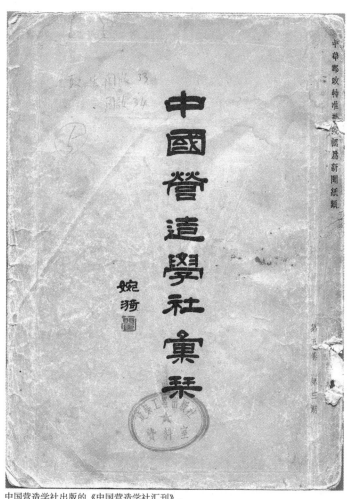

中国营造学社出版的《中国营造学社汇刊》。

谁执镐拆除北京正阳门瓮城？

朱启钤(1872~1964),清末即任京师内城巡警厅厅丞,此后在官场上有过许多头衔,诸如交通总长、内务总长、代理总理等,也办过不少实业,如经营山东中兴煤矿公司等,在北京城市建设上也有过不少建树,还是一位中国古建筑专家。

然而,在北京城建史上,首次提出为了疏通前门的交通,改建正阳门(俗称前门)建议的竟是对古代建筑颇有研究、时任政府内务总长的朱启钤先生。

1914年,上任不久的内务总长朱启钤写报告给袁世凯总统提出改建正阳门的建议,包括拆除箭楼与正阳门之间东西两侧环抱的瓮城,并在正阳门两侧各开一个门洞,以利行人和车辆交通方便。因为,京广、京汉两条铁路终点站在前门,交通日益堵塞,而行人则需穿经瓮城再出入箭楼和正阳门楼进出城内外。所谓瓮城是一道防御工事,以防止从城内出兵或从城外退兵时,在开启城门过程中,敌人随之冲杀进城而建的。出兵时,将城门关闭后士兵再冲出瓮城;退兵时,士兵进入瓮城后关闭城门,如有追兵随之而入即在瓮城内予以消灭。

改建计划经袁世凯批准,于1915年6月16日动工,由朱启钤执镐拆除了第一块砖。那把镐是白银制作的鹤嘴镐,手柄为红木制。在这手柄上刻有:"内务部朱总长启钤奉大总统命令修改正阳门,朱总长爰于一千九百十五年六月十六日用此器拆去旧城第一砖,俾交通永便"。

关于改建正阳门的年份,各种文献上说法不一,有的说是1914年,有的说是1915年。确切地说,应是1914年打报告给袁世凯,1915年动工拆除。此银镐即是有力佐证。

此银镐重约30余两,一直由朱启钤珍藏。朱启钤逝世后,由其子朱海北珍藏。"文革"中被抄走,落实政策发还前还加贴了"故宫博物院"标签。前些年,朱海北赠给清华大学建筑系,现存于清华大学建筑学院。

北京正阳门改建后状况

人 物 简 介
(以书中出现先后为序)

喻 浩(？ ~ 989)   杭州人。五代末宋代初的建筑家。著有《木经》一书。此书早已失传，但在宋代被奉为建筑规范。欧阳修曾写道："至今，木工皆以预都料事为法。有《木经》三卷，行于世"。关于他的姓氏写法不一，欧阳修此处称预，至于都料匠乃工程主持人之意，喻浩在《木经》一书中提出人体活动尺度应是建筑设计的出发点。此观点早于欧州大约四五百年。

梁思成(1901 ~ 1972)   在我国五千年建筑史册上，称得上著名建筑学家的不下几十人。然而，蜚声海内外的、为人们谈论最多的仅有一人，这个人就是当代建筑学家梁思成。

    这不仅是因为他用尽毕生心血研究我国古代建筑，做出了划时代的贡献，也不仅是因为1948年当选为中央研究院院士，1955年又当选为中国科学院技术科学部委员；并不是因为他代表中国于1947年与当代世界顶级建筑大师们共同担任联合国大厦设计顾问，更不是因为他是梁启超的长子。

    也许这是因为50年代曾把他当作提倡大屋顶的罪魁祸首被公开点名批判有关，也许是因为解放后他执着地奔走呼号，积极主动地提出关于新首都城市建设的建议有关。

    尽管梁先生在1956年就加入了中国共产党，在某些人的眼中他仍是异己，但他始终是一位炽热的热爱祖国的学者，对此无人置疑。20年代他与妻子林徽因同年在美国宾夕法尼亚大学毕业后，又分别入哈佛和耶鲁大学就读。对他俩来说，一生中不止一次地有极好的机会去美国从事研究工作并治疗疾病，但都被他们谢绝了。特别是抗战期间，林徽因辗转四川、云南乡间，重病缠身，卧床不起，缺医少药，几乎到了穷极潦倒的境地。那时，周恩来得知他们的境况，特派龚澎前往探视，还有一些美国朋友为他们夫妇安排去美国治病、工作，梁先生回信说："我的祖国正在灾难中，我不能离开她；假使我死在刺刀或炸弹下，我要死在祖国的土地上。"事实上，梁先生虽然不是死在敌人的刺刀或炸弹下，确是死在灾难中的祖国——被"文革"折磨死了。

    人生是短暂的。一个人一生中至多有40多年的时间去成就事业。因此，只要做成一件永垂青史的业绩，就够得上用"伟大"二字来称颂。这样的事，梁先生一生中办成了两件。

    一件事是三、四十年代，包括八年抗战期间，他用了15年的功夫，和中国营造学社的同事们，踏遍了近200个县市的山山水水，实地考察测绘我国古代建筑近2000处。不包括抗战期间在西南地区的成果，仅测绘图就绘制了近2000张。他们用现代的科学方法分析研究测绘我国古代建筑，做了前无古人的开创性工作,取得了划时代的丰硕成果,给人类留下了宝贵的财富——1500余万字的专著四卷《梁思成文集》。

另一件事是1928年首创东北大学建筑系,特别是1946年创办清华大学建筑系。在建筑教育上吸收了当时国际上先进的教学体系,培养了一批又一批至今仍在担负着重任的建筑师和学术带头人。梁思成在建筑教育上的业绩,人们将永远铭记。

遗憾的是,梁先生有一件大事没有办成,那就是保护世界上独一无二的古代都城——北京城和许多重要的文物建筑。解放后,他对北京市发展规划提出过许多宝贵的、科学的建议,非但没被采纳,反而遭到批判。假如,我们当时头脑稍清醒一些,不去拆除北京城墙和城门楼,那今天又何必去动员群众捐献城墙砖再去仿建城墙!

此外,对梁思成来说,还有一件蒙冤于50年代中期的事,使他受到不公正的批判。当时,一边倒学苏联,把苏联的建筑方针——"民族形式,社会主义内容"拿过来贯彻执行。中国建筑的民族形式是什么？那时,按照建筑界人们的理解和认识,大屋顶当然是其突出的表征。于是,各地盖起了一些大屋顶公共建筑,造成很大的浪费,大屋顶也就成了基建浪费的典型。其实,梁先生作为一名学者,是在忠心耿耿地贯彻执行那个方针。反过来说,他若不赞成那个方针,不也照样要挨批吗?!左右不是,弄得建筑界无所适从。事实上,没过几年,国庆十大工程不也照样搞了许多大屋顶？时至今日,北京西客站的大屋顶比起５０年代的大屋顶,只能说是有过之而无不及,但是从建筑艺术上审视,远远不及50年代的大屋顶。

概括地说,梁思成一生办成了两件永垂青史的大事;本应该是功德无量的大事却没有办成。紧跟、贯彻50年代的建筑创作方针却遭到不公正的批判并在全国政协会上公开检讨,这是一件冤枉事。看来,任何人不论他的才华多么出众,品德多么高尚,治学多么刻苦,也逃脱不了时代的限定和困扰。

(此文原载《中华锦绣》画报1999年1月号,原标题为"中国最著名的建筑学家——梁思成")

刘敦桢(1897～1968)

刘敦桢(字士能)1897年生于湖南新宁。16岁即东渡日本求学,在日本读了八年书,1921年毕业于东京高等工业学校建筑科。1922年回国后先是与别人合作开办了中国较早的一间设计事务所,后又同他人创办了我国最早的建筑系之一——苏州工专建筑系。该系与中央大学建筑系合并后,又在1943年复至中央大学先后任教授、系主任和工学院院长。从1932年至1943年任中国营造学社文献部主任。解放后长期担任南京工学院建筑系主任、教授,并创办中国建筑研究室。1955年当选为中国科学院技术科学部学部委员。1968年在"文革"的凄风苦雨中病逝于南京。

刘敦桢先生一生除了到祖国各地调查研究古代建筑、从事建筑教育,就是读书、写作。"先生一生所嗜唯书,淡泊无所营求,所惧唯岁月易逝,空无涓埃以酬人民,以此日夜孜孜,不知倦息。"据闻,先生是我国至今阅遍古籍关于建筑记述唯一的建筑学家。对此,我坚信不移。他著作中的旁征博引即可佐证。

刘敦桢著作等身,言不为过。在他逝世12年后出版的四卷《刘敦桢文集》编入学术论文、调查报告等共69篇,达200万字。此外,尚出版有专著《中国住宅概说》、《中国古代建筑史》和《苏州古典园林》。对先生文章,人们的评价是"文章醇醇,立义严密,不妄论断"。

从30年代直至60年代,先生调查古代建筑,足迹遍及北京、河北、河南、山东、陕西、云南、四川、江苏、安徽等省市众多县乡,取得了大量第一手测绘资料、照片及文字资料,并对所调查的建筑做出了科学的鉴定和分析。

他的《中国住宅概况》由建筑工程出版社出版于50年代,近年仍不断再版。因为,至今它仍是中国建筑师乃至其他国家建筑界人士研究中国建筑的必读参考书。

由刘敦桢主持编著的《中国古代建筑史》,从1959年起,集中全国研究建筑史的专家教授,历时七年,八易其稿,"文革"前即已基本完稿。直至1978年才由中国建筑工业出版社出版,与读者见面。此书的编著,将中国建筑史学提高到一个新的水平。近20年来,此书再版不辍,已成为建筑师和建筑系学生的必读书。无疑,这书是关于我国几千年建筑史的经典之作,传世之作。

先生的再一部重要著作是《苏州古典园林》。该书自1979年由中国建筑工业出版社出版后即引起国内外极大重视,前后在日本和美国出版了日文版及英文版。这是迄今为止,在国外用两种语言出版的唯一一部建筑学术著作。从1953年起,先生即组织有关人员对苏州15处古典园林进行测绘、摄影、研究。前后用了20多年才正式出书。书中除了对苏州古典园林的布局、理水、叠山、建筑、花木等分别作了精辟的分析外,还附有千余张照片测绘图,弥足珍贵。

先生不仅学业渊深,治学严谨,且品德高尚,持身正直。这些在《东南大学建筑系成立七十周年纪念专辑》一书中,刘敦桢教授的几十位学生的回忆文章里都写了许多事例,这里不再赘述。

(此文原载《中华锦绣》画报1999年9月号,题为"古建筑泰斗——刘敦桢")

童 寯(1900~1983)

童寯是我国当代建筑师璀璨星河中一颗巨星。在《中国大百科全书》中,只有8名当代建筑师荣膺传主之誉,童寯即是其中之一。

童老的一生是刻苦攻读的一生。早年(1912年)他同时考取清华学校和唐山交大,且唐山交大是以第一名录取。因为清华是官费,才到清华就读。1925年他又官费留学美国,入宾夕法尼亚大学建筑系。6年的课程,他只读了3年,就提前修满大学5年的学分和1年研究生的课程,于1928年获建筑学硕士学位。在校学习期间,在全美建筑系学生设计竞赛中,他获1927年亚瑟·斯布鲁克纪念奖二等奖,次年又荣获该奖的一等奖。同济大学已故谭垣教授,50多年后回忆当年宾大同窗时的情景,写道:"在美留学期间,他以读书用功,生活朴素闻名。记得,那时每星期六晚上,学校学生俱乐部都举行晚会。但是,从不见童寯光临。这在当时的中国留学生中也是很突出的。"当时,在宾夕法尼亚大学建筑系留学生中,在学生设计竞赛中获奖的还有朱彬、杨廷宝、梁思成等人。因而,在美国学生中流传一句口头语:"Damn Clever these Chinese!"(这些中国人真棒!)

童老与书厮伴,度过了晚年岁月。"文革"后,他已年过七旬,但每天上午都坚持到东南大学建筑系图书馆博览群书。即使年过80,身患重病连走路都困难,依然风雨无阻。

每天清晨,人们都会见到,一位步履蹒跚、衣着简朴的老人,拎着那个多年不更换的布兜走进图书馆,坐在那张特意给他留出的椅子上,边看边记,在一张张纸条上写满密密麻麻而又十分工整的小字。他一生中记了多少张这样的纸条,无法计数。数量,人们不知道;质量,人们是晓得的。东南大学建筑系的老师们,遇到弄不清的问题,只要到图书馆向他请教,他都能一一详答。有时,他还会告诉你,查阅什么书第多少页。偶而他也会诚恳地告诉你,这个问题,回答不上来,等过些时候,查清楚再告诉你。

临终的前四天,他还卧床为别人修改参加国际会议的英文发言稿。他用英文写的专著《东南园墅》,经英语专家审阅,认为不必修改,可以排版印刷。何止英文,他还熟读过法文原版罗曼·罗兰著《哥德与贝多芬》一书。

童寯是一位杰出的建筑师。作为一名建筑师,他的业绩主要是30年代设计过许多独具个性的建筑,其中不乏精品。1928年他在美国获硕士学位后,在美国建筑师事务所工作了两年。1930年回国到东北大学建筑系任教。"九·一八事变"后逃亡关内,旋即于1932年初参与赵深、陈植在上海办的建筑师事务所。这间于1933年更名为华盖建筑师事务所的事务所一直到1952年才结束其全部业务。在事务所里,他负责图房工作,除了1944年以后兼任中央大学建筑系教授,一直专门从事建筑设计。应该说,30年代是童老建筑创作的高潮期。

这个时期，他的主要建筑设计作品有：南京国民政府外交部大楼、南京下关电厂(1932~1933)、上海大上海大戏院(1933)、南京金城大戏院(1934)、南京中山文化教育馆(1936)、南京地质矿物博物馆(1937)等。当然，这些在现代中国建筑史上不可或缺的作品，有的是"华盖"三巨头共同创作的。比如，南京国民政府外交部大楼就是他们三人取得共识后共同设计的。他们的共识是，既不抄袭西方，也不搞大屋顶，而是只在檐口上做简化的斗拱来体现民族风格。这个设计当时是颇为引人注目的重大突破，一直影响至今。而由童老本人设计的南京中山文化教育馆(可惜抗战时毁于战火)，则是在探索现代建筑民族风格方面起到了示范作用。在馆的右侧，他设计了一个柱塔，上部嵌以琉璃花砖，并形成不对称的立面。对童老建筑创作特点，人们概括为：格调严谨，比例壮健，线条挺拔，手法简洁，色调清淡，不尚华丽，不落窠臼，超脱前人。

童寯是一位集建筑师、教授、学者于一身的建筑学家，这在当代中国建筑师中，虽不能说唯有童老，也屈指可数。从３０年代开始，他长期一边设计，一边教书，一边研究中国园林以及建筑历史与理论。他一向厚积薄发，特别是打倒"四人帮"后，才把积蓄几十年的学识，一泻千里，写了许多部专著和论文，其中不乏振聋发聩之作。童老著述的显著特点是：取材严谨，广证博引，持论精确，吝惜文字，往往是精炼到不可再精炼的程度。读童老的著作，万万不可不读注释，论点见正文，论据参注释。３０年代，他在上海、南京做设计时，常常利用假日遍访京沪杭一带园林，亲自踏勘并遍览有关园林的典籍。在这个基础上，于1937年写了继明代计成著《园冶》之后第一部关于中国园林的专著《江南园林志》，晚年还写了《造园史纲》、《随园考》以及用英文写的专著《东南园墅》。

此外，他的重要著作和论文还有：《近百年西方建筑史》、《日本近现代建筑》、《新建筑与流派》、《苏联建筑》、《建筑科技沿革》、《外国纪念建筑史话》、《中国园林对东西方的影响》、《北京长春园西洋建筑》等。童老用英文写的论文有：《中国园林》、《中国建筑艺术纪实》、《中国建筑的外来影响》、《中国建筑艺术》以及《古代中国时尚》等9篇。上述这些专著和论文都已正式出版。童老尚未发表的讲义和论文有：《中国建筑史》、《中国绘画史》、《中国雕塑史》等。从上述这些专著和论文的题目，我们可以明显地看出，童老研究的范围是多么广泛，非学贯中西所不能。

童寯还是一位兼具中西艺术素养的画家。早年在清华和宾夕法尼亚大学读书时，他就打下了素描、水彩的坚实基础。后来，又师从著名山水花卉画家汤定之。80年代初，美术家邵宇先生看过童老的水彩画后曾说："我还真不知道，我们中国有人画水彩画得这么好。我看，现在全国也没有几个人能达到这么高的水平！"童老的画已出版的有《童寯素描》、《童寯水彩画选》和《童寯画选》。

童老离开我们快20年了，建筑界老一代人士都还不时地思念着他。建筑大师张开济老先生不止一次地对我讲，童老不仅设计好，学问大，道德文章也好，在老一代建筑师当中，我最敬佩的是童老。张老的话道出了人们的心声。人们怎能不思念他呢?!"

(此文原载《中华锦绣》画报 1998年第17期，原标题为"建筑师璀璨星河中的巨星——童寯"。现略加删节)

林徽因(1904~1955)

林徽因，女，原名徽音，因与另一位作家同名，改为徽因。

林徽因是本世纪中国建筑界唯一有资格冠以"才女"称号的诗人、作家。她学贯中西，以美学为中介，既是建筑学家，又是诗人。纵观她的一生，20~30年代在中国文坛上，她占有不可动摇的地位；30~50年代在中国古建筑研究领域里，她是无人替代的建筑史学家。

这些非凡的成就，同她良好的家庭培育、学校教育以及她周边人物的耳濡目染分不开。她生长在书香门第，父亲林长民精通诗文，早年留学日本，与梁启超、徐志摩有莫逆之交。

她16岁随父亲游历欧洲，并在伦敦圣玛利女校就读。1923年她19岁即参加新月社的活动。次年，与梁思成同去美国宾夕法尼亚大学留学。她本想与梁思成同入建筑系，因当时该校建筑系不收女生，只好改入该校美术学院，并选修建筑系课程，相当于同时读两个系。才女就是不同一般，毕业后竟被大学聘为建筑系助教。进而又在耶鲁大学攻读舞台美术。1928年，同梁思成结婚后，复去欧洲，考察建筑。当年回国后，到东北大学建筑系任教。1931年回到北平，加入中国营造学社，抗战胜利后，与梁思成共同创办清华大学建筑系。30年代，在北平的文化圈子里，林徽因经常"扮演"的是"闲谈"主持人的角色，常常聚会的有胡适、张奚若、沈从文、徐志摩、金岳霖等学界巨匠。

梁思成和林徽因都是我国用现代科学方法调查研究中国古代建筑的开拓者。30年代，她与梁思成一起去踏勘调查山西、河北、陕西、河南的古建筑。在调查研究的基础上，他们夫妇共同努力编著了中国有史以来第一部中国建筑的"文法课本"——《清式营造则例》。梁先生在该书的序言里写道："内子林徽音在本书上为我分担的工作，除绪论外(此绪论署名林徽音——笔者注)，自开始至脱稿，以后数次的增修删改，在照片之摄制及选择，图版之分配上，我实指不出彼此分工区域，最后更精心校读增删。"梁先生著的《中国建筑史》是我国第一部系统地论述中国古代建筑发展史的专著，他在前言里说："林徽因同志除了对辽、宋的文献部分负责搜集资料并执笔外，全稿都经过她校阅补充。"应当说，梁思成的著作里大都有林徽因的心血，他们夫妻在生活上是亲密无间的伴侣，在学术上是共生共长的一对学者。

也许将来有人专门研究梁、林二人的文笔，从而区分出哪些是林徽因写的。台湾大学建筑与城乡研究所夏铸九教授前几年曾写过一篇《营造学社——梁思成建筑史论述构造之理论分析》一文，他说："林徽因运用语言的声音、韵律、文字的句型、结构表达鲜明的、具体的意象，以及含蓄、微妙的意义暗示。……林徽因的诗不但有节奏，有韵律感，……而且也成功地表现出空间的意象和比喻，以景抒情。"夏教授又说："林徽因的建筑史写作，文字动人，使得一种技术性的写作，也充满了热情，以带有深情之语句，肯定的口气，鼓舞读者之感情。比如说，林徽因用字精要，段意分明，尤喜于段落结尾，以肯定性的短句，简捷地完成全段之叙述目的。"（转引自窦武《北窗杂记(二十四)》）

关于林徽因的诗歌、散文、剧本等文学著作，"文革"以后，大陆、台湾、香港都出版过不少；关于她的建筑著述，梁思成与她合写的，大都编在《梁思成文集》里，且已出版有《林徽因文集》，我在这里就没有必要一一加以介绍了。

写林徽因不能不提及她1930年患肺病，抗战期间辗转云南、四川农村，生活极度清苦，缺少营养，以致旧病复发，长期卧床，1947年又手术切除一个肾，身体更加虚弱。即使如此，她仍坚持读书，坚持著述，坚持教学，甚至解放后还抱病参加国徽的设计、人民英雄纪念碑的设计和景泰蓝设计改革，在生命的最后年月甚至卧床为研究生讲课。

在林徽因离开美国宾夕法尼亚大学50多年以后，该校图书馆馆员Mr.Francis Dallett在致友人的一封信中提到当年中国留学生时写道："林的好友Elizabath Sutro对林的形容是：娇小可爱，富幽默感。"我们都知道，中国女性，尤其是闺候小姐，娇小可爱者不在少数，而富幽默感者则寥寥无几。在美国人眼中，即使是男性中国留学生也多为刻板拘谨，更何况当时的中国女性留学生。

（本文原载《中华锦锈》画报1999年2月号，原标题为"建筑史学家、诗人林徽因"）

徐志摩(1896～1931)

浙江海宁人。诗人。曾留学欧美，先后在北京、上海等地大学任教，并主编《诗刊》、《新月》等文学期刊。主要著作有：《志摩的诗》、《猛虎集》、《云游集》等。

杨廷宝(1901~1982)

　　我国著名的第一代建筑大师杨廷宝,河南省南阳县人。母亲姓米,是宋代著名书法家米芾的后代,擅长书画。杨老1915年考入清华学校,与他的同学闻一多都担任过学生会的美术秘书,也许他的艺术细胞是外祖父家族遗传的,那时就已经显露出绘画的天赋,以致在清华毕业留学美国时,因没有选择美术专业,他的美术课老师斯达女士竟惋惜不已。直到今天,当人们看到20年前出版的《杨廷宝水彩画选》和《杨廷宝素描选》两本专辑时,还都爱不释手。天赋固然要有,但杨老之所以画得好,主要是因为他始终都是手不离画笔。1976年冬,我陪同他参观苏州古典园林时,有好几次找不到他,原来他正躲在一边,坐在石头上画速写。当时,他对我说,我不善于写日记,但我画的这些速写小本子,就是我的日记。不仅如此,他口袋里还少不了一件东西,那就是卷尺。不管走到哪里,只要他觉得建筑物的某处设计的尺度好,就拿出卷尺仔细量度,记在小本子上。他对学生说,作为一名建筑师,应该懂得处处留心皆学问。

　　1957年和1961年,杨廷宝两次当选为国际建筑师协会副主席,因此,说他是国际知名建筑大师并不为过。当然有国家的崇高国际地位,才会有个人的国际地位,但也不能否认个人的魅力和威信。

　　杨老的一生是饱满的,而且是一种合理的组合。从美国宾夕法尼亚大学建筑系毕业后,1927年到1948年在当时国内最大的建筑设计事务所——基泰工程司主持建筑设计业务;1940年开始兼任中央大学建筑系教授,解放后又专职任今东南大学教授,从事建筑教育;晚年从事建筑研究工作。

　　他一生中亲自主持和指导的建筑设计不下百余项,其中具代表性的有京奉铁路辽宁总站、南京中央医院、中山陵音乐台、北京交通银行、清华大学图书馆扩建工程、北京和平宾馆等。他还参加过北京人民大会堂、人民英雄纪念碑、北京火车站、北京图书馆新馆、毛主席纪念堂等重大建筑的方案设计。

　　杨老在美国学的是西洋古典建筑,回国后一直都在不断地探求中国特色的现代建筑。因此,在30年代,他又下苦功夫向建筑匠人们学习中国古建筑,并亲自主持天坛祈年殿、碧云寺罗汉堂、国子监的修缮工程。应当说,他的中西古典建筑的基础是十分丰厚的。但他并不守旧,50年代初由他设计的北京和平宾馆颇具现代风格就是例证。他主持设计的建筑,不论属于哪种风格,不论后人给贴上哪种主义的标签,都具备杨老作品的共同特点,那就是成熟、深入、细致,从实际出发,实事求是,绝无哗众取宠之嫌。建筑大师陈植对和平宾馆有一段精辟的评价:"建国以后,仁辉(杨廷宝的字)的首次创作是北京和平宾馆(结构设计出于杨宽麟),在有限的空间内,布局既紧凑又舒畅。最成功的是沟通了金鱼胡同和西堂子胡同的交通。一度被诬为

"方盒子",实际上是简洁、凝重、温馨、古朴,方形窗户的排列表现了北京前门箭楼的格调。"

杨老之所以取得人所共识的业绩,是与他一生不断刻苦学习分不开的。早年在美国留学期间,他只用了两年半时间就学完了四年的课程,而且成绩是拔尖的。他两次获得全美学生设计竞赛一等奖,多次获得三等奖。否则,他也不会刚刚毕业就被宾大教授、美国著名建筑大师克瑞聘到他的设计事务所工作。

解放后,由于杨老的卓越成就和德高望重的品格,在今东南大学先后任系主任和副院长,从1953年起连续当选为中国建筑学会第一、二、三、四届理事会副理事长和第五届理事会理事长,1955年当选为中国科学院技术科学部学部委员,从1979年至1982年逝世还担任过江苏省副省长。杨廷宝曾赠给他学生八个字:思索、积累、创新、求实,这八个字也正是他一生的真实写照。

(本文原载《中华锦绣》画报1999年5月合刊号,原标题是"国际知名建筑大师——杨廷宝")

赵　深(1898~1978)　　江苏省无锡人,著名建筑师。1911年入清华学校,1920年入美国宾夕法尼亚大学建筑系,1923年获硕士学位后在美国从事建筑设计,1927年回国后,先后与范文照、陈植合办建筑设计事务所。1933年与陈植、童寯合伙开设华盖建筑设计事务所,至1952年结束全部业务。1952年以后先后任华东建筑设计公司、建工部中央设计院总工程师,1956年起任华东建筑设计院副院长兼总建筑师。

主要设计作品有:上海八仙桥青年会大楼、南京国民政府外交部大楼、杭州西泠饭店、大上海大戏院、福州大学等。

钟训正(1929~　　)　　湖南武冈人,建筑学教授,1952年毕业于南京大学建筑系后一直在南京工学院任教,现为东南大学建筑系教授,中国工程院院士。他的主要建筑作品有:南京长江大桥桥头堡、北京火车站综合方案、无锡太湖饭店新楼、甘肃画院、南京金山大厦等。主要著作有:《建筑制图》(与孙钟阳、王文卿合编)、《建筑画——环境表现与技巧》、《国外建筑装修构造全集》等。

彭一刚(1932~　　)　　安徽合肥人,建筑学教授,1953年毕业于天津大学建筑系后留学校任教。现为天津大学建筑学教授,中国科学院院士。

他的主要设计作品有：天津水上公园熊猫馆、山东平度公园、威海市甲午海战馆、天津大学建筑系馆等。他的著作有：《建筑空间组合论》、《中国古典园林分析》、《传统村镇聚落景观分析》、《创意与表现》等。

费孝通(1910～　　　)　　江苏吴县人，社会人类学家。1930～1933年在燕京大学读书，1933～1935年在清华大学研究院学习，1935～1938年在英国伦敦大学读书，获博士学位。1938～1949年任西南联大、清华大学教授。1949～1958年任清华大学教授，1958年后任中央民族学院教授，1978年任中国社会学会会长，北京大学教授。曾任全国人大常委会副委员长、全国政协副主席。

陈从周(1918～　　　)　　浙江杭州人。建筑学教授。1942年毕业于之江大学文学系中国语文学科后，先后任浙江省立高级中学、上海圣约翰附属高中国文、历史教员，40年代被张大千收为入室弟子，攻山水人物花卉。1950年在苏州美专讲授中国美术史，任副教授，同年开始在上海圣约翰大学讲授中国建筑史。1952年始在同济大学建筑系执教，任教授。1963年获硕士导师资格。

主要著作有：《说园》、《徐志摩年谱》、《苏州园林》、《中国名园》、《书边人语》等。

刘秀峰(1908～1971)　　河北省完县人。1925年加入共青团，1926年转为中共党员。抗战前，曾任保定特委宣传部部长、代理书记等。抗战期间，任平汉线省委组织部长、晋察冀区党委宣传部、中共中央党务研究室负责人等。解放战争时期任张家口市委书记、冀中区党委副书记、石家庄市委书记等。解放后，任天津市委副书记、中共中央华北局组织部长、副书记、华北行政委员会第一副主席等。1954年起任建筑工程部部长至1964年"四清"受错误处理。粉碎"四人帮"后平反昭雪。

陈志华(1929～　　　)　　浙江宁波人，建筑学教授，1947年入清华大学社会学系，1949年转入营建系，１９５２年毕业于清华大学建筑系，当年留校任教，现任清华大学教授。他的主要著作有：《外国建筑史》、《外国造园艺术》、《楠溪江中游乡土建筑》、《北窗杂记》、《意大利古建筑散记》等。主要译作有：《俄罗斯建筑史》、《古典建筑形式》、《风格与时代》、《走向新建筑》等。

张驭寰(1926~　　)　　　　　吉林舒兰人。中国古建筑专家，1951年毕业于东北大学建筑系。先后在东北工业部及中央重工业部任工程师，1956年后在中科院与清华大学合办的建筑历史研究室及建筑科学研究院历史室及中科院自然科学史研究所等单位从事古建筑考察与研究工作，任研究员。

主要著作有：《吉林民居》、《中国塔研究》、《中国名塔》、《中国古代建筑简史》、《中国佛教寺院建筑》以及由他主编的《中国古代建筑技术史》等。

萧　默(1938~　　)　　　　　湖南衡阳人。1961年清华大学建筑系毕业，在新疆从事建筑创作，1963年转敦煌文物研究所从事建筑史研究，1981年后在中国艺术研究院工作，现任该院研究员、建筑艺术研究所所长，为清华大学建筑历史与理论博士。著有《敦煌建筑研究》、《中国建筑艺术史》（合作撰著并担任主编）、《中国建筑史》、多卷本《中国美术通史·建筑艺术史》、大学美育教材《建筑艺术历史与审美》及《世界建筑》等书；主编《中国八十年代建筑艺术》、《中国艺海·建筑艺术编》等书；发表论文70余篇；为20集电视专题片《华夏古建筑》、3集电视教学片《建筑艺术欣赏》和电子读物《中国古代建筑艺术》撰稿人。

华南圭(1876~1961)　　　　　江苏无锡人。清朝秀才，土木工程专家。1910年毕业于法国工程专门学校。回国后历任京汉铁路工务处长、京汉铁路黄河铁桥设计审查会副会长、北京交通大学校长、天津工商学院院长、北平特别市工务局长等职。解放后，任北京都市计划委员会顾问等职。其妻为法国人，其子是建筑师华揽洪。

主要著作有：《力学摘要》、《材料耐力》、《铁路工程》、《房屋工程》等10余部；译著有：《法国公民教育》、《算学启蒙》等。

张开济(1912~　　)　　　　　浙江杭州人。建筑大师。1935年毕业于中央大学建筑系，先后在上海、南京、成都、重庆等地从事建筑设计工作，40年代在上海、南京创办建筑设计事务所。1949年到北京参加政府部门设计工作，长期在北京市建筑设计院任总建筑师，现为北京市政府建筑顾问。曾任北京市土木建筑学会副理事长。1990年被建筑部授予"勘察设计大师"称号。

主要设计作品有：北京革命历史博物馆、北京天文馆、北京四部一会建筑群、钓鱼台国宾馆。著作有《建筑一家言》等。

张　镈(1911～1999)　　　山东省无棣人。建筑大师。1930年入东北大学建筑系，1934年毕业于中央大学建筑系后入基泰工程司，在该工程司从事建筑设计达17年。1940～1946年兼任天津工商学院建筑系教授。1951年从香港回北京，任北京市建筑设计院总建筑师，至1996年退休后任该院顾问总建筑师。1990年建设部授予"勘察设计大师"称号。1999年7月1日病逝于北京。

主要设计作品有：北京人民大会堂、北京民族文化宫、北京友谊宾馆等。主要著作有《我的建筑创作道路》。

刘光华(1918～　)　　　南京人。建筑学教授。1940年毕业于中央大学建筑工程系，1943年留学美国宾夕法尼亚大学建筑系和哥伦比亚大学建筑与规划研究生院，1946年获硕士学位。1946年回国后任教于中央大学建筑系，此后长期从事建筑教育，任南京工学院教授。1983年应美国博尔大学之聘，任客座教授。现定居美国。其主要著作有：《北京：中国古典建筑集粹》（中英文版）、《中国建筑》(英文版)。

郭湖生(1931～　)　　　浙江湖州人，建筑学教授。1952年毕业于南京大学建筑工程系，先后任教于山东大学工学院、西安建筑工程学院和南京工学院，现任东南大学教授。长期从事中国古代建筑研究工作，主要著作有：《云贵两省少数民族居住状况》、《中华古都》，参与编写《中国古代建筑史》、担任《中国古代建筑技术史》副主编，合作编写《中国建筑史》；主要论文有：《河南巩县宋陵调查》、《中国传统建筑艺术特性》、《我们为什么研究东方建筑》、《子城制度》等70余篇。

刘致平(1909～1995)　　　辽宁省铁岭人。建筑学家。1928年考入东北大学建筑系，1932年毕业于中央大学建筑系。1935～1946年在中国营造学社先后任法式助理、研究员。1946年至病逝先后任清华大学教授、中国建筑科学院研究员。

主要著作有：《中国建筑类型及结构》、《中国居住建筑简史》、《中国伊斯兰建筑》、《中国建筑设计参考图集》(与梁思成合著)等。

王大闳(1918～　)　　　广东东莞人。台湾著名建筑师。在瑞士读中学，1939年毕业于英国剑桥大学建筑系。1941年入美国耶鲁大学建筑研究所，1943年获硕士学位。1947～1952年在上海、香港开办五联建筑设计事务所，1953年在台北开设大洪建筑师事务所。

　　主要建筑设计作品有：台北国父纪念馆、"外交部"办公楼、"教育部"办公楼、台大学生活动中心等。出版有《王大闳作品集》。

林乐义(1916～1988)

　　福建南平人。著名建筑师。1937年毕业于上海沪江大学。抗战期间，在桂林等地从事建筑设计。抗战胜利后去美国佐治亚理工学院研究建筑学，并被聘为特别讲师。1950年回国后专职担任北京工业建筑设计院、建设部建筑设计院总建筑师。

　　主要设计作品有：北京首都剧场、北京电报大楼、北京国际饭店等。《建筑设计资料集》(第一版)，由林乐义主持编写。

莫宗江(1916～1999)

　　广东新会人，建筑学教授。1931年底入中国营造学社，给梁思成当助手。曾随同梁思成到山西、河北、河南等地调查测绘古建筑。1935年始任学社研究生。抗战期间在西南40余县进行建筑考察，并参加王建墓发掘工作。1943年完成梁思成《中国建筑史》插图绘制。抗战后到清华大学历任讲师、副教授、教授。

　　主要建筑论文有：《山西榆次永寿寺雨花宫》，《涞源阁寺文殊殿》等。

莫伯治(1914～　　)

　　广东东莞人，建筑大师。1936年毕业于广州中山大学土木建筑系，曾任广州市规划局总建筑师，技术总顾问。1995年创立莫伯治建筑师事务所。1994年获建设部"勘察设计大师"称号，1995年当选为中国工程院院士。

　　主要建筑设计作品有：广州泮溪酒家、白云山庄、白云宾馆、白天鹅宾馆(与佘畯南合作)、矿泉别墅、西汉南越王墓博物馆等。著作有《莫伯治集》等。

华揽洪(1912～　　)

　　1912年出生于北京。著名建筑师。1928年北京汇文中学初中毕业后赴法国读书。1936年在巴黎土木工程学院毕业后考入法国国家立美术大学建筑系，1942年获法国国家建筑师文凭(D.P.L.G)。二战后，在马赛市开创建筑师事务所。1951年回国，担任北京市都市计划委员会总建筑师。1957年被错划为"右派分子"。1970年摘掉"右派分子"帽子。1979年平反。1977年退休后，定居巴黎。

　　主要设计作品有：北京儿童医院(1954年)、巴黎的一所兽医院(1939年建成)、巴黎中国文化处(1990年)等。主要著作有：《新兴中小工业城市规划》、《重建中国》(法文版)等。

戴念慈(1920～1991)   建筑大师。1942年毕业于中央大学建筑系并留校任教。1944～1949年在重庆、上海从事建筑设计。解放后，先后在中直修建办事处、北京工业建筑设计院和中国建筑科学研究院任设计室主任，总建筑师。1982～1986年任城乡建设部副部长。1983～1991年任中国建筑学会理事长，1991年当选为中国工程院院士。1990年被建设部授予"勘察设计大师"称号。

  主要设计作品有：北京中国美术馆、北京饭店西楼、斯里兰卡班达拉奈克国际会议大厦、曲阜阙里宾舍、锦州辽沈战役纪念馆等。

钟华楠(1931～)   广东新会人。香港著名建筑师。1959年毕业于伦敦大学建筑系。1964年在香港与英国建筑师费齐合办费钟建筑师事务所，1985年独办钟华楠建筑设计事务所至今。曾任香港建筑师学会会长，现任亚洲建协副主席，英联邦建协副主席。

  主要建筑设计作品有：香港得利根得阁高层住宅、太平山顶炉峰塔、香港城市理工学院等。主要著作有《"抄"与"超"——建筑设计及城市规划散论》等。

潘祖尧(1942～)   广东番禺人。香港著名建筑师，1968年毕业于英国伦敦AA建筑学院，1973年始在香港开办建筑师事务所，1986年创建建设顾问公司。曾任香港建筑师学会会长，亚洲建筑协会会长。

  主要设计作品有：香港大埔残疾儿童院、香港造币厂、北京西西工程设计方案等。主要著作有《现实中的梦想——建筑师潘祖尧的心路历程》等。

齐　康(1931～)   南京市人，1952年毕业于南京大学建筑系，先后任南京工学院教授、系主任、副院长。1990年被建设部授予设计大师称号，1993年被选为中科院院士。主要建筑设计作品有：侵华日军南京大屠杀遇难同胞纪念馆，淮安周恩来纪念馆、河南博物馆、沈阳"九·一八"纪念馆扩建工程等。他的主要著作有：《杨廷宝谈建筑》、《纪念的凝思》、《建筑创作的纪程——齐康建筑设计作品选》、《意义、感觉、表现》等。

杨　俊(1921～)   山西芮城人。1937年参加革命，先后任解放区书店印刷厂政治指导员，书店出版科长，《中国青年》社出版发行部主任、团中央出版委员会副主任并参与创办中国青年出版社，主管出版业务。1952年后调入建筑工程部先后任办公厅研究室主任、建工出版社社长、建工部政策研究室副主任、政治部办公室主任。1971年组建中国建筑工业出版社,任社长。

彭华亮(1927~　　)

湖北黄陂人。编审。1952年毕业于唐山交通大学建筑系。历任《建筑学报》编辑、中国建筑工业出版社第一编辑室主任、《建筑设计资料集》(第二版)编委会副主任,主编《香港建筑》、《走向21世纪的建筑——当代世界建筑发展动向》,合著书有《中国古建筑之美》(官殿建筑),负责编辑的图书有《梁思成文集》、《建筑师简明手册》、《中国古建筑之美》(官殿建筑)、《中国美术全集——建筑艺术篇》(官殿建筑·宗教建筑)、《世界建筑艺术图集》等70余种。

陈　植(1902~　　)

100年前,当进入20世纪的钟声回荡在中国暗夜天空的时候,先进的人们已经察觉到腐败透顶的满清王朝即将覆灭,曙光又将复出。在先期接触西方文明的城镇乡村,伴随着这世纪钟声诞生了一批中华英才。他们拖着小辫子目睹了辛亥革命,又受到"五四"运动中"德先生"和"赛先生"的教诲,纷纷奔向西方和先行一步维新的日本,苦苦地汲取现代科学文化知识。没过几年,他们就带着硕士证书、博士证书,放弃海外生活工作的优越条件回到军阀混战的苦难的祖国,艰辛创业,及至30年代,他们当中不少人即成为我国当代科学、技术、文化、教育各个领域、各个学科的奠基人。

1902年出生于浙江杭州的陈植(字直生)就是其中的一位,今天,住在上海寓所里的这位世纪老人,思维依旧敏捷,仍然关心着上海乃至全国建筑界,还不时地写信、谈话,发表灼见。

陈老出身于诗书世家,从童年起就受到传统文化艺术的熏陶。祖父陈豪是清末著名画家、诗人,父亲陈汉第擅绘松竹,是杭州求是书院(今浙江大学前身)的创办人之一。1915年,13岁的陈植考入北京清华学校,念了8年,1923年毕业后官费留学美国,入宾夕法尼亚大学读建筑学。1927年获建筑学学士后,又入研究院深造,一年后获硕士学位,50年后,一位叫Roach的美国朋友还记得陈植,他说:"陈植不像其他中国留学生那般拘谨内敛,陈与美国同学有较多社交,颇孚众望"。说到颇孚众望,只举一例即可印证。当年,在美国成立有中国费城留学生会,下设4个小组,其中"中国之夜"(China Night)的召集人即是陈植,建筑史学家、诗人林徽因是其成员。陈老在美国留学期间,不仅建筑学成绩非凡,于1926年获柯浦纪念设计竞赛(Cope Prize Architectural Competition)一等奖,还师从费城科迪斯音乐学院著名男中音歌唱家霍·康奈尔(Horaton Connell)教授学了4年声乐,1927年他作为宾夕法尼亚大学合唱团成员在白宫受到美国总统柯立芝的接见。

1929年回国后即应梁思成之邀,到东北大学建筑系任教。除教学外,他还与梁思成、林徽因等人合作,规划设计了吉林大学。1931年辞去东大教职,到上海接受了上海浙江兴业银行大楼设计任务,并与1923年取得美国宾夕法尼亚大学建筑硕士学位的赵深合作创办了赵深陈植建筑师事务所。1931年冬,"九·一八"事变后,宾大同学、东大同事童寯流亡上海,应邀加入,遂于1933年改称华盖建筑师事务所。从1931年到1937年抗战爆发,这间事务所在上海、南京一带设计了不少建筑精品,如南京国民政府外交部大楼、大上海大戏院、金城大戏院、南京中山文化教育馆、浙江兴业银行等。这些作品虽然在设计上各有其主持人,但应当说,都是华盖三巨头(赵深、陈植、童寯)三人精诚合作的结晶。

对于华盖的建筑创作指针,陈老1983年在一篇文章中说:"我们同事务所的三人之间曾相约摒弃"大屋顶"。只在某办公楼(铁道部购料委员会大楼—作者注)的设计中,由于要与原建筑相协调,不得不沿用古典形式。"这在当时国民党政府提倡"发扬固有文化"的上海、南京是极为难能可贵的。当时,华盖的态度是宁肯不中标,也不去随波逐流,迎合某些人(包括业主和评委)。南京国民政府外交部大楼不抄袭传统古典形式,从功能要求出发,线条简捷,体形稳健,采用平屋顶,仅在檐口处运用了简化的斗栱,在民族形式与现代建筑的结合上取得了重大突破,产生了深远的影响,直到解放以后仍被沿用。1936年4月,叶恭绰在上海发起中国建筑展览会,唯有华盖的作品鹤立鸡群,突出了现代建筑风格,受到界内外人士好评。华盖的作品,比较突出的如以童寯为主设计的南京中山文化教育馆(抗战时期毁于战火)。以陈植为主设计的浙江兴业银行大楼,突破了当时流行的银行建筑用小窗户来封闭起来的立面,而采取柱间大玻璃窗立面,在银行建筑中独树一帜。应当说,华盖的一些精品在中国近代建筑史上占据着不可动摇的地位。

在上海滩,中国建筑师与外国建筑师之间的竞争十分激烈,华盖以其精品设计赢得了社会的信任。抗战胜利后,浙江第一商业银行本来已交由美国建筑师汤普森设计并付了设计费,但最后业主还是邀请华盖重新做设计。

解放后,陈老虽然长期担任上海规划建筑管理局副局长兼总建筑师,上海民用建筑设计院院长兼总建筑师等行政领导工作,但从未脱离图版。除参加和指导一些国内外重大工程外,还亲自主持设计了金山化工总厂生活区、苏丹民主共和国友谊厅、上海国际海员俱乐部等建筑。尤其是1956年由陈老设计的上海虹口公园鲁迅墓,给人们留下了无限的遐想。大家知道,我国传统的墓地规划是前部设祭堂等纪念性建筑,最后部才是墓室。而陈老设计的鲁迅墓则反其道而行之,墓在前,墓后以镌刻着毛泽东题字的宽阔的墓壁作为墓的背景，墓前建宽阔的广场，左右两侧设花廊。廊下可供前往瞻仰的人们坐下来，提供了一处静静沉思缅怀的场所。长眠于地下的鲁迅先生面向广场，面向群众，充分表达了鲁迅与群众永远在一起的设计主导思想。鲁迅墓并不宏大，然而给人们留下的却是不可磨灭的记忆。

陈老80多岁退居二线后，依旧关心上海的建设。在1987~1988年这一年间，他经常是独自一个人亲临现场考察上海近代建筑，据说多达80余次，提出了上海近代建筑保护名单。最后，经上海市政府批准作为近代建筑一级保护项目的达59项。

非但对上海，对北京的城市规划和建筑，陈老也十分关心。1958年，在北京人民大会堂设计方案业经批准并已动工的情况下，他与上海另外4位教授(吴景祥、冯纪忠、黄作燊、谭垣)和建筑师赵深联名上书周恩来总理，陈述他们对人民大会堂设计方案的意见。周总理见信后通过时任北京市副市长的吴晗电召六教授进京面谈。在北京，周总理亲自出席座谈会，听取他们的意见。这里，我把陈老列为教授，是因为从1938年到1944年他还兼任过之江大学建筑系教授。

陈老对杭州、桂林等城市建设也都提出过十分中肯宝贵的建议。

到了90年代，虽已耄耋之年，陈老还在读书。当他看过由我主编的"建筑文库"中《杨廷宝谈建筑》一书后，给我写信，详细地谈了20年代中国留学生在美国宾大学习的情况，在该书第二版中我加了注释。去年，陈老刚刚过了96岁生日，还给我复信谈及关于编辑《建筑百家书信集》一事。

陈老一生从事建筑设计，他总结了5条设计原则：继承民族传统的精华、突出地方固有的风貌、表现建筑性质的特征、反映技术先进的内容和显示时代前进的步伐。我认为，这5条原则千真万确，值得人们深思，刻意追求。

(本文原载《中华锦绣》画报1999年5月合刊号，原题为"我国第一代建筑大师——世纪老人陈植")

吴良镛(1922~　　)　　江苏南京人。建筑学家。1944年毕业于中央大学建筑系，1945年到清华大学任教，1948年赴美进修于匡溪艺术学院，1949年获硕士学位，1950年底自美国回国在清华大学任教至今，历任建筑系副主任、主任。现为清华大学建筑规划学院教授、中国科学院院士、中国工程院院士、中国建筑学会副理事长。

主要著作有：《广义建筑学》、《城市规划论文集》、《中国古代城市史纲》等。主持北京菊儿胡同危旧房改造工程设计，并参加或主持一些城市的规划工作。

戴复东(1928~　)　　　　　安徽无为县人,建筑学教授、中国工程院院士。现任同济大学教授、建筑学院名誉院长,同济规划设计总院总建筑师。1952年毕业于南京大学,长期在同济大学任教。他的主要建筑设计有:烟台建筑工程公司大楼、北斗山庄、同济大学建筑与城规学院院馆、遵化国际饭店、绍兴震元堂等。主要著作有《国外机场航站楼》等5部、论文70余篇。

邓林翰(1931~　)　　　　　湖南莱阳人。建筑学教授。1953年毕业于天津大学建筑系,1956年清华大学研究生毕业后到哈尔滨工业大学土木系任教,现为哈尔滨建筑大学教授。他的主要建筑设计有:哈尔滨工业大学主楼、南通纺织博物馆、丹东抗美援朝纪念馆、铜川耀州窑博物馆等。主要著作有《博物馆学新编》(合编)、《中国大百科全书·博物馆》(合编)等。

著名建筑师印象记
(以生年为序)

这里，记下我国著名建筑师给我留下的一些不可磨灭的印象，也只是印象而已，或许略可弥补简介之不足。可能不够确切，一孔之见，只供读者参阅。

刘敦桢   中等身材，面孔清癯，少言寡语，不苟言笑，谈话精要。

童　寯   中等身材，面孔黑红，晚年依然未改沈阳乡音，双目炯炯，谈吐严谨，待人彬彬有礼、诚恳，生活俭朴，高兴时笑起来颇似顽童。

梁思成   身材不高，瘦小精干，面孔清秀，带一副近视镜，因病驼背，走路迅捷，伶俐健谈，绘声绘色，思维敏捷。

杨廷宝   身材较高，体魄健壮，迈步大，走路快，常常笑容可掬。谈话慢条斯理，讲求分寸，具忠厚长者风度。晚年极少吃肉食，以蔬菜佐餐，每天必吃水果。

陈　植   身材矮小，讲话清晰，声音宏亮，谦虚谨慎，待人处事公正有礼，十分认真，一丝不苟。近年，虽年逾90，仍读书看报，关心建筑界。思维依然不减当年，对早年建筑界的事情记忆犹新。现在，尽管写信提笔忘字，要多次查阅字典，却无一笔误或标点差错。

王华彬   中等身材，戴一副近视镜，一向衣着整洁，风度翩翩，文质彬彬。

刘致平   中等身材，体魄健壮。常常是笑容满面，又常常莞尔一笑，言语不多，不讲究衣着，十分朴实，具传统学者风度。

张　镈   中等身材，晚年体胖，行动不便，不苟谈笑，记忆力惊人，处事认真。晚年生活清苦，吸烟饮酒。

华揽洪   身材修长，面容清瘦，显现精干神态，黑发，混血特点并不十分明显，谈吐思维严密。法文比中文还精通。待人诚恳热情。

张开济	身材高大，戴一副近视镜，笑起来令人感到亲切。善幽默，妙语连珠，引起哄堂大笑，他却一笑了之。善著文，往往能用成语或几句贴切的语言画龙点睛，来形容一件复杂事物。待人诚恳，推心置腹，交友广泛，从无大师架子，容易接近，深得建筑界及界外人士尊敬。
莫伯治	中等身材，稍胖，常带笑容，待人处事热情大度。常常眯着眼睛思考问题。
林乐义	个子不高，微胖，前额突出，中年脱发。说起话来，福建腔浓厚。很少言笑，严肃认真，评论建筑作品一贯坚持高标准、严要求，从不随波逐流。喜着咖啡色及米色服装。常常陷于沉思之中。
汪　坦	中等身材，面阔白晰，前额突出，脱发。健谈，声音宏亮。英文及中文根底均深厚，做事一丝不苟、认真负责。淡泊名利。
戴念慈	中等身材，面孔清秀，双目炯炯异常，善画善写不善谈，也不善交往。言语不多，老成持重。生活简朴。
吴良镛	身材不高，面孔圆润，稍胖，常带笑容，步履轻快，大步流星，似乎唯恐把时间浪费在路途上。治学及事务缠身，终年忙碌。

1999年10月2日
试写于寸屋

图书在版编目（CIP）数据

建筑百家轶事／杨永生.—北京：中国建筑工业出版社，2000
 ISBN 7-112-04087-6
 I.建… Ⅱ.杨… Ⅲ.建筑业－名人－生平事迹－中国 Ⅳ.K826.16

中国版本图书馆 CIP 数据核字（1999）第 54899 号

责任编辑：徐　纺
版式设计：董建平

建筑百家轶事

杨永生

*

中国建筑工业出版社出版、发行（北京西郊百万庄）
新 华 书 店 经 销
北京广厦京港图文有限公司制作
北京建筑工业印刷厂印刷

*

开本：787×1092 毫米　1/16　印张：6¼
2000 年 1 月第一版　2001 年 8 月第二次印刷
印数：3,001—4,500 册　定价：**14.00** 元
ISBN 7-112-04087-6
　TU·3214（9486）

版权所有　翻印必究
如有印装质量问题，可寄本社退换
（邮政编码　100037）